Herbert Hansen · Strukturdaten und Branchenanalysen
der deutschen Aktiengesellschaften

Strukturdaten und Branchenanalysen der deutschen Aktiengesellschaften

von

Herbert Hansen

Diplom-Volkswirt

Verlag Dr. Otto Schmidt KG · Köln

CIP-Kurztitelaufnahme der Deutschen Bibliothek

Hansen, Herbert:
Strukturdaten und Branchenanalysen der deutschen
Aktiengesellschaften / von Herbert Hansen. –
Köln: O. Schmidt, 1980.

ISBN 3-504-31001-4

Alle Rechte vorbehalten.
© 1980 by Verlag Dr. Otto Schmidt KG, Köln.
Ohne ausdrückliche Genehmigung des Verlags ist es nicht gestattet, das Buch oder Teile
daraus in irgendeiner Form (durch Photokopie, Mikrofilm oder ein anderes Verfahren)
zu vervielfältigen.
Druck: Bercker, Graphischer Betrieb GmbH, Kevelaer
Printed in Germany

Vorwort

Wer im Wirtschaftsleben Entscheidungen trifft, sollte über die betreffenden Tatbestände möglichst umfassend unterrichtet sein. Das gilt in besonderem Maße für alle Teilnehmer an den Aktienmärkten, an denen schnelle Reaktionen erfolgen. Außer Informationen über die kurzfristige Entwicklung müssen die Strukturdaten mit ihren langfristigen Veränderungen für eine Beurteilung herangezogen werden.

Das vorliegende Buch vermittelt einen Überblick über die langfristige Entwicklung der Aktiengesellschaften aufgrund der veröffentlichten Ergebnisse des Statistischen Bundesamtes, der Deutschen Bundesbank, der Wertpapierbörsen und Banken sowie einzelner Gesellschaften. Diese Ergebnisse werden ergänzt durch eigene Erhebungen und Auswertungen. Außer Strukturdaten allgemeiner Art werden die Branchen anhand der Jahresabschlüsse analysiert, denn von Wirtschaftszweig zu Wirtschaftszweig ergeben sich vielfach wesentliche Unterschiede. Sowohl die allgemeine Rahmendaten als auch die Geschäftsergebnisse des jeweiligen Wirtschaftszweiges können darüber hinaus Anhaltspunkte und Hinweise bieten, die auch für die Beurteilung einer einzelnen Gesellschaft von Bedeutung sind.

Wiesbaden, im März 1980   Herbert Hansen

Inhalt

	Seite
Vorwort	V
A. Strukturdaten	1
1. Die Entwicklung der Aktiengesellschaften	1
a) Anzahl und Grundkapital	1
b) Aktienumlauf	5
c) Die 25 größten Aktiengesellschaften 1938–1978	8
2. Aktiengesellschaften und Börse	10
a) Börsennotierte Aktiengesellschaften	10
b) Börsenplätze	11
c) Umsätze an deutschen Börsen	12
aa) Inländische Aktien	12
bb) Ausländische Aktien	14
d) Umsätze an international wichtigen Börsen	15
e) Optionshandel	16
3. Kurse und Renditen der Aktien	21
a) Kursentwicklung	21
b) Dividendenrendite	25
4. Aktienemissionen und ihre Unterbringung	29
a) Depotbestände	29
b) Beteiligungsverhältnisse	31
5. Jahresabschlüsse	37
a) Bilanzstruktur	37
b) Bilanzposten mit Vermerken	42
aa) Ausleihungen mit einer Laufzeit von mindestens vier Jahren	42
bb) Forderungen aus Lieferungen und Leistungen	43
cc) Wechsel	44
dd) Verbindlichkeiten	45

Inhaltsverzeichnis

	Seite
6. Erfolgsrechnungen und Geschäftsergebnisse	47
a) Gewinnausschüttung	47
b) Wertschöpfung	48
c) Personalkosten	50
d) Struktur der Erfolgsrechnungen	51
e) Vorstands- und Aufsichtsratsbezüge	53
7. Sozialbilanzen	55
8. Die Aktie im Spiegel Volkswirtschaftlicher Gesamtrechnungen	56
B. Branchenanalysen	61
1. Einleitung	61
2. Energiewirtschaft	62
3. Chemische Industrie	65
4. Mineralölwirtschaft	68
5. Kunststoff-, Gummi- und Asbestindustrie	70
6. Steine, Erden, Feinkeramik und Glas	73
7. Eisen- und Stahlerzeugung	75
8. NE-Metallindustrie	77
9. Stahl- und Leichtmetallbau	79
10. Maschinenbau	81
11. Fahrzeugbau	84
12. Elektrotechnik	87
13. Holz-, Papier- und Druckindustrie	89
14. Textil- und Bekleidungsgewerbe	91
15. Brauereien	93
16. Nahrungs- und Genußmittel	95
17. Bauindustrie	97
18. Handel	100
19. Verkehr	102
20. Banken	104
a) Großbanken	105
b) Regionalbanken	108
c) Private Hypothekenbanken	110
Quellenverzeichnis	112
Stichwortverzeichnis	115
Firmenverzeichnis	117

A. Strukturdaten

1. Die Entwicklung der Aktiengesellschaften

Die Aktiengesellschaft bildet die rechtliche Organisationsform für einen wesentlichen Teil der deutschen Unternehmen. Vom Umsatz der gesamten deutschen Industrie entfallen zwei Fünftel auf Gesellschaften in dieser Rechtsform. Auch in anderen Wirtschaftsbereichen, wie der Kreditwirtschaft, dem Versicherungs- und dem Verkehrsgewerbe, geht von den Aktiengesellschaften ein bedeutender Einfluß auf den Ablauf des wirtschaftlichen Geschehens aus. Ihr Gewicht und ihre Bedeutung für die deutsche Volkswirtschaft erfuhr im Laufe der letzten hundert Jahre mehrfache Veränderungen.

a) Anzahl und Grundkapital

In Deutschland erhielten die Aktiengesellschaften um die Mitte des 19. Jahrhunderts einen bedeutsamen Auftrieb durch die Gründungen der Eisenbahngesellschaften. Der große Finanzbedarf dieser Unternehmen sprengte dis bisher gewohnten Größenordnungen. Eine besonders starke Zunahme der Aktiengesellschaften erfolgte in den sogenannten Gründerjahren nach 1871. In der Aufschwungperiode von 1871 bis 1873 wurden allein in Preußen 873 Aktiengesellschaften[1] mit insgesamt 2,5 Mrd Mark Grundkapital errichtet. Bis zum Ersten Weltkrieg erhöhte sich die Anzahl der Aktiengesellschaften von Jahr zu Jahr. Ende 1913 waren im Deutschen Reich 5 486 Aktiengesellschaften[2] mit insgesamt 17,4 Mrd Mark Grundkapital tätig.

Die politischen, wirtschaftlichen und gesellschaftsrechtlichen Veränderungen, die nach dem Ersten Weltkrieg eintraten, sind für die weitere Entwicklung der Aktiengesellschaften von nachhaltigem Einfluß gewesen. Zunächst setzte erneut eine ausgesprochene Gründungswelle ein, die in den Inflationsjahren bis 1923 ihren Höhepunkt erreichte. In erster Linie wurden Gesellschaften errichtet, die mit einem geringen Grundkapital ausgestattet waren. Ende 1925 waren in den Handelsregistern 13 010 Aktiengesellschaften mit insgesamt 19,1 Mrd RM Grundkapital eingetragen. Ein großer Teil der neu errichteten Gesellschaften besaß nur eine kurze Lebensdauer. In den folgenden Jahren setzte ein erheblicher Rückgang ein, der vor allem durch die Auswirkungen der Weltwirtschaftskrise hervorgerufen wurde. Ende 1938 waren im damaligen Gebiet des Deutschen Reiches nur noch 5 518 Aktiengesellschaften mit insgesamt 19,7 Mrd RM Grundkapital tätig.

Entwicklung der Aktiengesellschaften

Nach dem Zweiten Weltkrieg ging die Anzahl der Aktiengesellschaften nicht so stark zurück wie in den zwanziger und dreißiger Jahren. Es gab jedoch Perioden mit einem größeren Rückgang durch Umwandlungen in eine andere Rechtsform und durch Fusionen, die durch steuerliche Erleichterungen einen besonderen Anreiz erhielten. Auf der anderen Seite muß auch hervorgehoben werden, daß die Anzahl der Gründungen seit 1970 im Jahresdurchschnitt erheblich höher als im Durchschnitt der Jahre 1934 bis 1969 lag. Von 1970 bis 1978 wurden 640 Aktiengesellschaften[3] mit insgesamt 6,8 Mrd DM Grundkapital in die Handelsregister eingetragen. Zu Beginn des Jahres 1979 waren in der Bundesrepublik 2 141 Aktiengesellschaften mit insgesamt 86,1 Mrd DM Grundkapital tätig. Fast jede dritte dieser Gesellschaften ist erst nach dem 1. Januar 1970 errichtet worden.

Die durchschnittliche Nominalkapitalausstattung war bis zum Beginn des Zweiten Weltkrieges als Auswirkung der Kapitalzusammenlegungen nach den Inflationsjahren sowie durch die Kapitalherabsetzungen als Folge der Weltwirtschaftskrise geringfügig höher als 1913. Nach der Währungsreform vom 20. Juni 1948 wurde das Reichsmark-Grundkapital der Aktiengesellschaften im Gesamtdurchschnitt im Verhältnis 100 zu 82 unter weitgehendem Verzicht auf die Bildung von Reserven auf Deutsche Mark umgestellt. Doch zu Beginn der fünfziger Jahre war die Nominalkapitalausstattung der Aktiengesellschaften im Durchschnitt bereits höher als 1938. In diesem Zusammenhang ist eine Analyse der Grundkapitalausstattung unter Ausschaltung des Preisanstiegs aufschlußreich, da der Wert der Mark sich erheblich veränderte. Unter Zugrundelegung konstanter Preise ist festzustellen, daß die durchschnittliche Nominalkapitalausstattung 1952 noch niedriger als vor dem Ersten Weltkrieg war. Eine nachhaltige Aufstockung des Grundkapitals erfolgte erst in den sechziger und siebziger Jahren.

Anzahl und Grundkapital der Aktiengesellschaften

Jahres-ende	Anzahl	Grund-kapital	Durchschnitts-grundkapital je Gesellschaft	Durchschnitts-grundkapital je Gesellschaft in konstanten Preisen
		Mrd M/RM/DM		
1913	5 486	17,4	3,2	3,2
1925	13 010	19,1	1,5	1,1
1938	5 518	18,7	3,4	2,7
1952	2 449	13,7	5,6	2,6
1960	2 332	30,4	13,0	5,5
1965	2 508	45,9	18,3	6,8
1970	2 304	56,6	24,5	8,0
1975	2 189	76,3	34,9	8,4
1978	2 141	86,1	40,2	8,7

Entwicklung der Aktiengesellschaften

Während das durchschnittliche Grundkapital je Gesellschaft seit 1913 in jeweiligen Preisen um mehr als das Zwölffache stieg, ergibt sich unter Ausschaltung der Preisveränderungen eine Erhöhung um etwas mehr als das Zweieinhalbfache. Seit Mitte der fünfziger Jahre ist aufgrund der Umstellungen des Produktionsprozesses, der ständigen Verbesserung und Erweiterung der Anlagen und der damit verbundenen Geschäftsausweitungen die durchschnittliche Grundkapitalausstattung nicht nur nominal sondern auch real kräftig gestiegen. Von 1952 bis 1978, während einer Zeitspanne von 26 Jahren, erhöhte sich das durchschnittliche Grundkapital je Gesellschaft in jeweiligen Preisen fast um das Siebenfache und in konstanten Preisen um mehr als das Dreifache.

Aufschlußreich ist eine Aufgliederung der Aktiengesellschaften nach Größenklassen des Grundkapitals, die einen Überblick über die Struktur und die Größenordnungen der Gesellschaften vermittelt. Die entsprechenden Erhebungen führt das statistische Bundesamt in einem dreijährigen Turnus durch.

Ende 1977 besaßen 158 Gesellschaften (7,4 %) ein Nominalkapital von mehr als 100 Mio DM. Auf diese Unternehmen entfielen aber 68,9 Prozent des Grundkapitals aller Aktiengesellschaften. Dagegen verfügten 1 375 Gesellschaften (64,0 %) über ein Grundkapital bis zu 10 Mio DM. Der Anteil dieser Gesellschaften am Nominalkapital aller Aktiengesellschaften betrug aber nur 5,0 Prozent. Das Schwergewicht der Gesellschaft liegt, gemessen an der Nominalkapitalausstattung, bei den großen Unternehmen mit mehr als 100 Mio DM Grundkapital.

Aktiengesellschaften nach Größenklassen des Grundkapitals
(Stand: 31. Dezember 1977)

Größenklassen von über ... bis ... Mio DM	Gesellschaften Anzahl	v. H.	Grundkapital Mrd DM	v. H.
bis 1	470	21,9	0,2	0,3
1– 10	905	42,1	3,9	4,7
10– 50	480	22,3	11,7	13,9
50–100	136	6,3	10,2	12,2
100–250	85	4,0	12,8	15,3
über 250	73	3,4	44,8	53,6
Insgesamt	2 149	100,0	83,6	100,0

Bei der Schichtung der Aktiengesellschaften nach der Höhe des Grundkapitals ist vor allem eine ständige Verschiebung zu den oberen Größenklassen festzustellen. In den höheren Größenklassen besitzen vor allem Unternehmen der Wirtschaftsbereiche Energiewirtschaft, Chemische Industrie, Eisen- und Stahlindustrie, Fahrzeugbau, Mineralölwirtschaft, Elektroindustrie sowie Kreditinstitute ein größeres Gewicht.

Entwicklung der Aktiengesellschaften

Zwischen dem produzierenden Gewerbe und den übrigen Wirtschaftsbereichen ergaben sich während der letzten Jahre Verschiebungen. Die Anzahl der Gesellschaften des produzierenden Gewerbes verminderte sich von 1968 bis 1978 um 333 (−27 %) auf 912. Bei den Kreditinstituten trat dagegen eine Erhöhung um 2 (+ 1 %) auf 191, bei den Versicherungen um 48 (+ 26 %) auf 234 und im Dienstleistungsbereich um 107 (+ 25 %) auf 542 Gesellschaften ein. Ende 1968 entfielen vom gesamten Grundkapital aller Aktiengesellschaften noch drei Viertel auf Gesellschaften des produzierenden Gewerbes. Zehn Jahre später, Ende 1978, betrug der Anteil des produzierenden Gewerbes nur noch rund zwei Drittel. Der Anteil der Gesellschaften des Dienstleistungsbereiches am gesamten Grundkapital stieg von 9,4 Prozent (1968) auf 13,0 Prozent (1978). Bei den Kreditinstituten trat im gleichen Zeitraum sogar eine Zunahme von 6,2 auf 10,3 Prozent ein. Bei den

Aktiengesellschaften nach Wirtschaftsgruppen (Stand: 31. Dezember 1978)

Wirtschaftsgruppe	Gesellschaften		Grundkapital	
	Anzahl	v. H.	Mrd DM	v. H.
Land- und Forstwirtschaft, Fischerei	6	0,3	0,1	0,1
Produzierendes Gewerbe	912	42,6	56,8	66,0
darunter				
Energiewirtschaft	129	6,0	13,5	15,7
Chemische Industrie	59	2,8	9,0	10,5
Mineralölverarbeitung	10	0,5	5,2	6,0
Kunststoff-, Gummi- u. Asbestverarb.	27	1,3	1,0	1,2
Steine und Erden	40	1,9	0,7	0,8
Feinkeramik und Glas	26	1,2	0,7	0,8
Eisen- und Stahlerzeugung	37	1,7	5,6	6,5
NE-Metallerzeugung und -verarbeitung	13	0,6	0,8	0,9
Stahl- und Leichtmetallbau	14	0,7	0,4	0,5
Maschinenbau	95	4,4	3,0	3,5
Fahrzeugbau	19	0,9	5,6	6,5
Schiffbau	8	0,4	0,4	0,5
Elektrotechnik	41	1,9	4,2	4,9
Feinmechanik, Optik, Uhren	17	0,8	0,4	0,5
Zellstoff und Papier, Druckereien	35	1,6	0,6	0,7
Textilgewerbe und Bekleidung	80	3,7	0,8	0,9
Zuckerindustrie	24	1,1	0,2	0,2
Brauereien	94	4,4	0,8	0,9
Übrige Nahrungs- und Genußmittelind.	52	2,4	0,8	0,9
Baugewerbe	33	1,5	0,5	0,6
Sonstige	59	2,8	2,6	3,0
Handel	145	6,8	3,5	4,1
Verkehr	111	5,2	2,7	3,1
Kreditinstitute	191	8,9	8,9	10,3
Versicherungen	234	10,9	2,9	3,4
Dienstleistungen	542	25,3	11,2	13,0
Insgesamt	2 141	100,0	86,1	100,0

Banken erfolgten erhebliche Kapitalerhöhungen und bei den Dienstleistungsunternehmen zahlreiche Gründungen. Der Dienstleistungsbereich erhielt ferner Zugänge durch Gesellschaften, deren Schwerpunkt der wirtschaftlichen Tätigkeit sich verlagerte und die weitgehend nur noch als Holdinggesellschaften fungieren. Als typische Beispiele für diese Entwicklung sind zu nennen: Die Dalbusch AG, Hamborner Bergbau AG und Harpener AG, die ihre Produktionsanlagen in die Ruhrkohle AG einbrachten und nunmehr in erster Linie als Beteiligungsgesellschaften tätig sind.

Unter den Wirtschaftszweigen des produzierenden Gewerbes ragen die Energiewirtschaft und die Chemische Industrie besonders heraus. Auf diese beiden kapitalintensiven Bereiche entfallen mehr als ein Viertel des Grundkapitals aller Aktiengesellschaften. Ferner besitzen Gesellschaften der Bereiche Eisen- und Stahlerzeugung, Mineralölwirtschaft, Fahrzeugbau, Elektrotechnik und Maschinenbau eine größere Bedeutung. Mit 517 Mio DM verfügten Ende 1978 die Unternehmen der Mineralölwirtschaft über die höchste durchschnittliche Grundkapitalausstattung. Es folgen die Chemische Industrie (152 Mio DM), die Eisen- und Stahlindustrie (150 Mio DM) sowie die Energiewirtschaft (105 Mio DM). Das durchschnittliche Grundkapital bei den Brauereien und in der Zuckerindustrie betrug dagegen nur 8 bzw. 7 Mio DM.

b) Aktienumlauf

Während sich die Anzahl der Aktiengesellschaften, wenn auch nur geringfügig, von Jahr zu Jahr verminderte, erfuhr der Aktienumlauf eine kräftige Steigerung. Zu Beginn des Jahres 1964 waren Aktien im Nominalwert von 38,7 Mrd DM im Umlauf. Ende 1978 betrug der Aktienumlauf bereits 85,0 Mrd DM. Innerhalb eines Zeitraums von 15 Jahren erfolgte also eine Zunahme um mehr als das Doppelte. Diese Erhöhung wurde aus zahlreichen Quellen gespeist (s. Tabelle S. 6).

Die Ergebnisse der Wertpapierstatistik der Deutschen Bundesbank[4], der die Daten des Aktienumlaufs entnommen wurden, stimmen nicht völlig mit den Ergebnissen des Statistischen Bundesamtes überein, das aufgrund der Eintragungen in den Handelsregistern das Nominalkapital der Aktiengesellschaften erfaßt. Die Abweichungen, die sich bei den Ermittlungen der Kapitalerhöhungen ergeben, sind darauf zurückzuführen, daß im Rahmen der Wertpapierstatistik der Deutschen Bundesbank der Zeitpunkt der Aktienausgabe, bei den Erhebungen des Statistischen Bundesamtes der juristisch maßgebende Zeitpunkt der Durchführung der Erhöhung des Grundkapitals gemäß §§ 189 bzw. 211 AktG – Eintragung in das Handelsregister – zugrunde gelegt wird. Erfahrungsgemäß werden von diesen Abweichungen vor allem Kapitalerhöhungen betroffen, die am Jahresende bereits eingetragen waren, jedoch erst im folgenden Jahr plaziert werden.

Besonders groß war der Bruttozugang des Aktienumlaufs mit 22,4 Mrd DM in dem Zeitraum von 1969 bis 1973. In den letzten fünf Jahren verminderte sich der

Entwicklung der Aktiengesellschaften

Veränderung des Aktienumlaufs (Mio DM Nominalwert)

	1964/68	1969/73	1974/78
Gesamtumlauf am Beginn des Berichtszeitraums	38 669	51 190	66 599
Zugang durch			
Bareinzahlung, einschl. Aktienausgabe aus Gesellschaftsgewinn	9 382	11 138	13 591
Umtausch von Wandelschuldverschreibungen	122	201	121
Ausgabe von Kapitalberichtigungsaktien	2 469	3 253	3 082
Einbringung von Forderungen	918	607	459
Einbringung von Aktien, Kuxen, GmbH-Anteilen	935	1 007	1 115
Einbringung von sonstigen Sachwerten	563	726	1 427
Verschmelzung und Vermögensübertragung	329	2 140	301
Umwandlung aus einer anderen Rechtsform	419	3 257	1 625
Umstellung von RM-Kapital	21	26	0
Zugang insgesamt	15 158	22 355	21 721
Abgang durch			
Kapitalherabsetzung und Auflösung	1 225	876	1 700
Verschmelzung und Vermögensübertragung	248	4 828	711
Umwandlung in eine andere Rechtsform	1 164	1 242	896
Abgang insgesamt	2 637	6 946	3 307
Gesamtumlauf am Ende des Berichtszeitraums	51 190	66 599	85 013

Bruttozugang geringfügig auf 21,7 Mrd DM. Im Durchschnitt des fünfzehnjährigen Berichtszeitraums entfielen rund drei Fünftel der Erhöhungen auf Bareinzahlungen einschließlich der Ausgabe von Aktien aus Gesellschaftsmitteln. In dem Zeitraum von 1969 bis 1973 entfiel fast ein Viertel des Zugangs auf Umwandlungen aus einer anderen Rechtsform sowie auf Verschmelzungen und Vermögensübertragungen. Hierauf wurden aufgrund des Umwandlungssteuergesetzes von 1969 bis zum Jahresende 1972 steuerliche Erleichterungen gewährt. Ferner ist die Ausgabe von Berichtigungsaktien von Bedeutung, die gelegentlich etwas mißverständlich als eine Ausgabe von ,,Gratis- oder Freiaktien" bezeichnet wird. In diesen Fällen handelt es sich um die Umwandlung offener Rücklagen in Grundkapital, so daß der betreffenden Gesellschaft keine neuen Finanzierungsmittel zugeführt werden. Von 1964 bis 1978 entfielen von der Bruttozunahme rund 15 Prozent auf die Ausgabe von Berichtigungsaktien. Die Einbringung von Sachwerten sowie der Umtausch von Wandelschuldverschreibungen besitzen für die Erhöhung des Aktienumlaufs nur ein geringes Gewicht.

Die Bruttoabgänge waren in den Jahren 1969 bis 1973 mit 6,9 Mrd DM besonders groß. Auf Verschmelzungen und Vermögensübertragungen sowie auf Umwandlungen in eine andere Rechtsform entfielen aufgrund der Steuererleichterungen, die bis Ende 1972 gewährt wurden, in diesem Zeitraum mehr als vier Fünftel der Brutto-Verminderung. In den Jahren 1974 bis 1978 besaßen dagegen Kapitalherabsetzungen und Auflösungen von Gesellschaften ein größeres Gewicht. Da die gesamten Abgänge sich gegenüber der vorhergehenden Periode um mehr als die Hälfte verminderten, wurde in den Jahren 1974 bis 1978 mit 18,4 Mrd DM ein Netto-Zugang erzielt, der erheblich höher lag als in dem Zeitraum 1969 bis 1973 (15,4 Mrd. DM).

Im Rahmen der Wertpapierstatistik der Deutschen Bundesbank wird der Absatz der Aktien aufgrund von Emissionen gegen Bareinzahlung, einschließlich der Ausgabe von Aktien aus Gesellschaftsmitteln, sowie der Umtausch von Wandelschuldverschreibungen gesondert ausgewiesen. Seit 1971 erfolgt dieser Ausweis auch in einer Aufgliederung nach börsennotierten und übrigen Aktien. Diese Aktienemissionen hatten einen Kurswert, der zwischen 3,5 und 6,1 Mrd DM pro Jahr schwankte.

Aktienemissionen inländischer Emittenten

Zeit	Kurswert		Durchschnittskurs	
	insgesamt	Anteil börsennotierter Aktien	börsennotiert	nicht börsennotiert
	Mrd DM	in Prozent		
1971	4,7	61,8	222,7	124,2
1972	4,1	58,6	237,5	124,9
1973	3,6	64,0	237,8	125,5
1974	3,5	41,9	206,3	131,8
1975	6,0	60,9	193,8	143,0
1976	6,1	45,1	220,4	234,8
1977	4,4	45,9	196,1	149,8
1978	5,6	71,6	263,6	138,8

Besonders groß waren die Aktienemissionen in den Jahren 1975 und 1976 mit einem Kurswert von 6,0 bzw. 6,1 Mrd DM. Mit Ausnahme der Jahre 1974, 1976 und 1977 entfiel der größere Teil der Emissionen auf Werte, die an der Börse notiert wurden.

Die Schwankungen der durchschnittlichen Emissionskurse hielten sich sowohl bei den börsennotierten als auch bei den nicht börsennotierten Aktien durchweg in engeren Grenzen. Der außergewöhnlich hohe Emissionskurs für nicht börsennotierte Aktien im Jahr 1976 ist auf die Placierung von 300 Mio DM Aktien der Mercedes-Automobil-Holding AG zurückzuführen, die zum Kurs von 305 DM pro Stück im Nennwert von 50 DM ausgegeben und später zum amtlichen Börsenhandel zugelassen wurden. Das Ergebnis des Jahres 1978 wurde stark beeinflußt durch die Kapitalerhöhung der Volkswagenwerk AG, die ihr Nominalkapital im Verhältnis 3 : 1 um 300 Mio DM auf 1,2 Mrd DM zum Kurs von 300 Prozent aufstockten.

c) Die 25 größten Aktiengesellschaften 1938–1978

Das wirtschaftliche Wachstum, aber teilweise auch die ständige, wenn auch nur schleichende Geldentwertung trugen dazu bei, daß Jahr für Jahr in erheblichem Umfang Kapitalerhöhungen vorgenommen wurden. In diesem Zusammenhang ist es von besonderem Interesse, die Nominalkapitalausstattung der 25 größten deutschen Aktiengesellschaften jeweils zum Jahresbeginn 1938 und 1978 gegenüberzustellen. In diesem Zeitraum von 40 Jahren traten tiefgreifende Veränderungen ein, die sowohl auf den Krieg und seine Folgen als auch auf einen grundlegenden Wandel der Wirtschaftsstruktur zurückzuführen sind. Die Veränderungen in der Spitzengruppe der deutschen Aktiengesellschaften spiegeln daher eine Entwicklung wider, die weitgehend auch für alle übrigen Aktiengesellschaften gilt.

Aufgrund der Kriegsfolgen sind vier bekannte Firmennamen aus der Vorkriegszeit nicht mehr unter den 25 größten Aktiengesellschaften zu finden: I. G. Farbenindustrie, Vereinigte Stahlwerke, Junkers-Flugzeug- und Motorenwerke und Elektrowerke. Auch führten Konzentrationsvorgänge, Fusionen, Verschmelzungen und Eingliederungen zu Veränderungen in der Spitzengruppe. Vor allem aber trugen der Strukturwandel und die wirtschaftliche Entwicklung entscheidend dazu bei, daß Gesellschaften des Fahrzeugbaus und der Mineralölwirtschaft in die Spitzengruppe der Aktiengesellschaften aufrückten.

Zu Beginn des Jahres 1978 waren bereits 10 Aktiengesellschaften mit einem Grundkapital von 1 Mrd DM und mehr ausgestattet. An der Spitze der Gesellschaften mit dem größten Nominalkapital stehen die drei Nachfolgegesellschaften der I. G. Farbenindustrie: Bayer, BASF und Hoechst. Das Grundkapital dieser drei Unternehmen betrug Anfang 1978 insgesamt 5,8 Mrd. DM. Ihre Aktien werden nicht nur an sämtlichen deutschen Wertpapierbörsen, sondern auch an nahezu allen bedeutenden Börsen des Auslandes notiert.

Der Strukturwandel, der im Laufe von vier Jahrzehnten eintrat, brachte in der Spitzengruppe der deutschen Aktiengesellschaften wesentliche Verschiebungen. Die Gesellschaften des Bergbaus sowie die Eisen- und Stahlunternehmen, die seit Beginn der Industrialisierung eine führende Position unter den Gesellschaften eingenommen hatten, verloren an Gewicht. Von dem gesamten Grundkapital der 25 größten Aktiengesellschaften entfielen 1938 allein zwei Fünftel auf diese Gruppe. Vierzig Jahre später betrug der Anteil dieser Unternehmen nur noch ein Fünftel. Außerdem veränderte sich vielfach das Produktionsprogramm. Von der Eisen- und Stahlindustrie wurde eine weitgehende Diversifikation betrieben. Neben der Erzeugung von Eisen und Stahl, also der Herstellung von Rohmaterial, wurde in erheblichem Umfang eine Ergänzung der Produktion durch eine vielfältige Weiterverarbeitung aufgenommen.

Im Gegensatz zu den Wirtschaftsbereichen Bergbau sowie Eisen- und Stahlindustrie gewannen andere Zweige, wie der Fahrzeugbau und die Mineralölindustrie, an Bedeutung. Zu den größten 25 deutschen Aktiengesellschaften gehör-

Entwicklung der Aktiengesellschaften

Die 25 größten deutschen Aktiengesellschaften

1. Januar 1938 Gesellschaft	Grundkapital Mio RM	1. Januar 1978 Gesellschaft	Grundkapital Mio DM
I. G. Farbenindustrie	800	Bayer	2 130
Vereinigte Stahlwerke	544	BASF	1 914
Berliner Verkehrs-AG	250	Hoechst	1 792
Rhein.-Westf. Elektrizitätswerk	246	Siemens	1 608
Berliner Kraft und Licht	240	Rhein.-Westf. Elektrizitätswerk	1 500
Gelsenkirchener Bergwerks-AG	200	VEBA	1 404
Mannesmann-Röhrenwerke	180	Daimler-Benz	1 359
Viag	180	Thyssen, vormals August Thyssen-Hütte	1 299
Fried. Krupp	160	Esso	1 000
Bergwerksges. Hibernia	150	Deutsche Shell	1 000
Rheinische Stahlwerke	150	Deutsche Bank	960
Dresdner Bank	150	Opel	950
Vereinigte Elektrizitäts- und Bergwerks-AG	150	Mannesmann	941
Junkers Flugzeug- und Motorenwerke	130	AEG-Telefunken	930
Deutsche Bank	130	Volkswagenwerk	900
Wintershall	125	Dresdner Bank	889
AEG	120	Mobil Oil	760
Siemens-Schuckertwerke	120	Bank für Gemeinwirtschaft	750
Elektrowerke	110	Deutsche BP	750
Preußische Elektrizitäts-AG	110	Ford-Werke	720
Hamburger Hochbahn	109	Preußische Elektrizitäts-AG	680
Siemens & Halske	107	Commerzbank	644
Klöckner-Werke	105	VEW Vereinigte Elektrizitätswerke Westfalen	600
Hoesch–Köln Neusser AG	102	Deutsche Lufthansa	600
August Thyssen-Hütte	100	Bayernwerk	600

ten 1938 weder ein Unternehmen des Fahrzeugbaus noch der Mineralölwirtschaft. 1978 zählten dagegen jeweils vier Gesellschaften dieser beiden Wirtschaftszweige zu der Spitzengruppe der Aktiengesellschaften. Die Chemische Industrie konnte ihr Gewicht ebenfalls verstärken. Auch die Anzahl der Kreditinstitute, die aufgrund ihrer Nominalkapitalausstattung zur Spitzengruppe der größten deutschen Aktiengesellschaften gehören, erhöhte sich von zwei auf vier.

Während 1938 der Anteil der 25 größten Unternehmen an dem Grundkapital aller Aktiengesellschaften ein Viertel betrug, stieg er bis 1978 auf rund ein Drittel an. Auf den ersten Blick könnte vermutet werden, diese Verschiebung sei die Folge eines Konzentrationsprozesses. Das ist aber nur zu einem Teil der Fall. Es ist auch zu berücksichtigen, daß die Anzahl der Aktiengesellschaften 1938 nahezu um das Dreifache größer war als in der Gegenwart und zahlreiche mittlere und kleinere Aktiengesellschaften inzwischen in Unternehmen anderer Rechtsformen umgewandelt wurden.

Das wesentlich größere Nominalkapital, das die Aktiengesellschaften im Vergleich zur Vorkriegszeit besitzen, ist nicht ausschließlich das Ergebnis eines wirtschaftlichen Wachstumprozesses. Ein Teil der Erhöhungen der Grundkapitalausstattungen ist, wie bereits erwähnt wurde, die Folge einer inflatorischen Entwicklung. Seit 1938 stiegen die Lebenshaltungskosten um rund das Dreieinhalbfache. Bei einer Ausklammerung des inflatorischen Effekts bleibt aber trotzdem festzuhalten, das die Ausstattung der 25 größten deutschen Aktiengesellschaften mit Nominalkapital gegenüber der Vorkriegszeit real um rund die Hälfte gestiegen ist.

Trotz einschneidender wirtschaftlicher und politischer Veränderungen im Laufe eines Zeitraums von 40 Jahren sind nach wie vor eine Reihe bekannter Firmennamen in der Spitzengruppe der Gesellschaften zu finden: Siemens, Rheinisch-Westfälisches Elektrizitätswerk, Thyssen, Mannesmann, AEG, Deutsche Bank, Dresdner Bank und Preußenelektra. Diese Unternehmen, die auf eine lange Firmengeschichte zurückblicken können, haben während der unterschiedlichen Epochen einen bedeutenden Beitrag zur Gesamtentwicklung unserer Wirtschaft geleistet.

2. Aktiengesellschaften und Börse

a) Börsennotierte Aktiengesellschaften

Von den insgesamt 2 141 Aktiengesellschaften, die zu Beginn des Jahres 1979 in den Handelsregistern eingetragen waren, wurden die Aktien von 456 Unternehmen[5] an der Börse notiert. Die Anzahl der börsennotierten Gesellschaften ging im Laufe der letzten Jahre ständig zurück. Ende 1962 wurden noch die Aktien von 643 Unternehmen, das entsprach einem Viertel aller Aktiengesellschaften, an einer Wertpapierbörse notiert. 1979 enthielt der Kurszettel die Firmennamen von etwas mehr als einem Fünftel der gesamten Aktiengesellschaften. Gemessen am Grundkapital ergaben sich jedoch keine Veränderungen. Von 36,2 Mrd DM (Ende 1962) beziehungsweise 86,1 Mrd DM (Ende 1978) Grundkapital war jeweils die Hälfte an den Wertpapierbörsen eingeführt. Sowohl das Grundkapital aller Aktiengesellschaften als auch das Grundkapital der Unternehmen, deren Aktien an der Börse notiert werden, erhöhte sich während dieses Zeitraums um mehr als das Doppelte. Der Kurszettel der Wertpapierbörsen wurde seit 1962 um 187 Notierungen gekürzt, aber das Nominalkapital der börsennotierten Gesellschaften erfuhr eine kräftige Erhöhung.

Unter den Gesellschaften, deren Aktien an einer Wertpapierbörse notiert werden, befinden sich 88 Gesellschaften mit insgesamt 32,6 Mrd DM Grundkapital, die als Publikumsgesellschaften zu bezeichnen sind. Auf diese Unternehmen treffen folgende Kriterien zu:

– Das Grundkapital beträgt mehr als 10 Mio DM.

- Von dem Grundkapital befinden sich ein Fünftel, mindestens aber 10 Mio DM, im Besitz von mehr als 5 000 Einzelaktionären.
- Die Aktien sind an mindestens drei Wertpapierbörsen der Bundesrepublik eingeführt.

Auf die Publikumsgesellschaften entfallen, gemessen an der Anzahl der Unternehmen, nur 4 Prozent. Vom Grundkapital aller Aktiengesellschaften besitzen die Publikumsgesellschaften jedoch einen Anteil von rund zwei Fünftel. Bei diesen Unternehmen handelt es sich um eine Gruppe, die durch ihre Unternehmensgröße ein besonderes Gewicht besitzt. Für die Größe dieser Gesellschaften vermittelt die durchschnittliche Nominalkapitalausstattung einen Anhaltspunkt. Ende 1978 betrug das Grundkapital der Publikumsgesellschaften im Durchschnitt 370 Mio DM. Bei den übrigen Börsengesellschaften und den Nichtbörsengesellschaften belief es sich dagegen nur auf 28 bzw. 26 Mio DM. Das unterschiedliche Gewicht aller drei Gruppen ergibt sich auch aus folgenden Daten: Ende 1978 entfielen vom Grundkapital aller Aktiengesellschaften 38 Prozent auf 88 Publikumsgesellschaften, 12 Prozent auf 371 übrige Börsengesellschaften und 50 Prozent auf 1 682 Nichtbörsengesellschaften. Unter den 25 Aktiengesellschaften mit der größten Nominalkapitalausstattung befinden sich 16 Publikumsgesellschaften, eine übrige Börsengesellschaft und 8 Nichtbörsengesellschaften. Zu den Nichtbörsengesellschaften gehören zwar auch zwei große Gesellschaften mit einer Nominalkapitalausstattung von 1 Mrd DM, aber auch rund 80 Gesellschaften, die nur ein Grundkapital bis 100 000 DM besitzen. In der Kapitalausstattung bestehen erhebliche Unterschiede. In der Rechtsform der Aktiengesellschaft werden nicht nur Großunternehmen, sondern auch zahlreiche mittlere Firmen geführt.

b) Börsenplätze

In der Bundesrepublik bestehen insgesamt acht Wertpapierbörsen mit Sitz in Berlin, Bremen, Düsseldorf, Frankfurt, Hamburg, Hannover, München und Stuttgart. Vor dem Zweiten Weltkrieg war Berlin der führende Börsenplatz. Ende 1926 wurden an der Berliner Wertpapierbörse die Aktien von 917 Gesellschaften[6] mit 9,4 Mrd DM Grundkapital, Ende 1936 noch 489 Gesellschaften mit 8,2 Mrd DM Nominalkapital notiert. Gemessen am Grundkapital aller börsen- und nichtbörsennotierten Gesellschaften wurden seinerzeit 45 bzw. 43 Prozent an der Berliner Börse notiert. Die herausragende Stellung der Berliner Börse wurde nach dem Zweiten Weltkrieg von den beiden Wertpapierbörsen in Frankfurt und Düsseldorf übernommen. Ende 1978 waren in Frankfurt 229 Aktien mit einem Nominalkapital von 34,2 Mrd DM und in Düsseldorf 188 Aktien mit 35,2 Mrd DM Grundkapital zum amtlichen Handel zugelassen. Damit waren rund zwei Fünftel des Grundkapitals aller deutschen Aktiengesellschaften an diesen beiden Plätzen eingeführt. Gemessen am Grundkapital aller börsennotierten Gesellschaften beträgt der Anteil sogar rund vier Fünftel. Von den Umsätzen an deutschen Aktien

Aktiengesellschaften und Börse

entfielen 1978 rund 38 Prozent auf den Börsenplatz Frankfurt und 32 Prozent auf Düsseldorf. Als weitere Börsenplätze mit überregionalem Gewicht sind noch Hamburg und München zu nennen. Die Wertpapierbörsen in Berlin, Bremen, Hannover und Stuttgart haben in erster Linie für Lokalpapiere eine Bedeutung. Neben den Publikumswerten, auf die der weitaus größte Teil der Börsenumsätze entfällt, besitzen die Lokalpapiere nur für einen verhältnismäßig kleinen Kreis ein Interesse.

Der wichtigste Börsenplatz für den Handel in ausländischen Aktien ist Frankfurt. Ende 1978 waren an der Frankfurter Wertpapierbörse 169 Auslandsaktien mit einem Nominalwert von umgerechnet 59,5 Mrd DM zugelassen. An der Wertpapierbörse zu Düsseldorf wurden 74 Auslandsaktien mit einem Nominalwert von umgerechnet 39,0 Mrd DM notiert. Von den gesamten Umsätzen, die an Auslandsaktien an den deutschen Wertpapierbörsen getätigt wurden, entfielen 64 Prozent auf Frankfurt und 29 Prozent auf Düsseldorf.

c) Umsätze an deutschen Börsen

aa) Inländische Aktien

Die Umsätze in inländischen Aktien haben sich seit 1968, also innerhalb von zehn Jahren nahezu verdoppelt. Diese Entwicklung ist jedoch keineswegs kontinuierlich verlaufen. Es zeigen sich vielmehr gewisse Parallelen zu der Entwicklung der Aktienkurse. In Zeiten anhaltender Kurssteigerungen nehmen die Umsätze durchweg zu, während eine schwache Börsenverfassung im allgemeinen auch von einer geringeren Umsatztätigkeit begleitet wird.

Als Börsenumsätze werden im Rahmen der Wertpapierstatistik der Deutschen Bundesbank[7] die Umsätze aller Aktien erfaßt, die an den Börsen der Bundesrepublik (ohne Berlin) unter Mitwirkung von Kursmaklern und freien Maklern zu-

Umsätze inländischer Aktien an deutschen Börsen (Kassahandel zum Kurswert)

Jahr	Umsatz Mrd DM	Umsatzindex 1972 = 100	Kursindex 29. 12. 1972 = 100
1968	15,0	67,9	98,1
1969	19,5	88,2	106,9
1970	12,2	55,2	95,5
1971	15,7	71,0	92,9
1972	22,1	100,0	101,6
1973	19,0	86,0	95,6
1974	13,2	59,7	81,5
1975	27,5	124,4	93,7
1976	24,9	112,7	101,5
1977	27,6	124,9	101,4
1978	34,1	154,3	108,9

Umsätze an deutschen Börsen

stande kommen. Seit Juli 1968 werden aufgrund einer Änderung der allgemeinen Geschäftsbedingungen der Banken alle Kundenaufträge in amtlich notierten Aktien – sofern der Kunde nicht ausdrücklich eine andere Weisung erteilt – über die Börse abgewickelt.

Sowohl die Umsätze als auch die Kurse waren seit 1968 erheblichen Schwankungen ausgesetzt. Seit dem Tiefstand des Jahres 1974 ergab sich eine günstigere Entwicklung, die 1978 zu einer besonders lebhaften Umsatztätigkeit führte.

Das Schwergewicht des Börsenhandels liegt bei verhältnismäßig wenigen Werten. Der Umsatz an deutschen Aktien konzentriert sich weitgehend auf die Publikumsgesellschaften. Mehr als zwei Drittel der Umsätze[8] entfielen durchweg in Frankfurt und Düsseldorf auf nur 20 Publikumswerte.

Deutsche Aktien mit dem größten Börsenumsatz (Kurswert in Mio DM)

	1977		1978	
	Frankfurt	Düsseldorf	Frankfurt	Düsseldorf
VW	704	728	1 305	1 139
Siemens	713	763	813	676
Deutsche Bank	535	531	669	490
Dresdner Bank	351	217	540	274
RWE	436	418	510	244
BASF	666	514	434	384
Commerzbank	333	271	434	295
Mannesmann	372	435	393	576
Bayer	450	515	389	490
VEBA	332	380	370	407
Hoechst	338	325	327	368
Daimler Benz	206	133	296	197
Gutehoffnungshütte	128	110	291	247
AEG-Telefunken	387	353	268	232
Thyssen	305	366	264	354
BMW	165	137	225	146
Karstadt	147	111	224	114
Neckermann	99	70	214	137
Bayerische Vereinsbank	66	35	193	51
Schering	135	95	168	131

In der Spitzengruppe ergaben sich einige Verschiebungen. Der Handel in VW-Aktien erhöhte sich 1978 besonders stark. Er lag rund 50 Prozent höher als 1977. Bei den meisten Werten der übrigen Publikumsgesellschaften erfolgte ebenfalls eine Zunahme der Umsätze.

Einzelne Werte werden besonders favorisiert, wenn sich der Kurs veränderten Verhältnissen anpaßt. Im längerfristigen Vergleich, bei dem vorübergehende

Aktiengesellschaften und Börse

Schwankungen weitgehend ausgeglichen werden, zeigt sich, daß vor allem sechs Werte im Mittelpunkt des Börseninteresses standen:

	Umsätze 1971–1978 in Frankfurt Kurswert in Mrd DM
Siemens	5,2
Deutsche Bank	4,6
BASF	3,3
VW	3,2
Bayer	2,8
Hoechst	2,5

Es kann davon ausgegangen werden, daß an der Frankfurter Wertpapierbörse durchweg etwas mehr als ein Drittel aller Umsätze in deutschen Aktien erfolgen. Somit ergibt sich auch ein Anhaltspunkt für die Größenordnung der Gesamtumsätze in diesen sechs Werten für sämtliche deutschen Wertpapierbörsen. Danach dürfte der Handel in diesen sechs Spitzenwerten einen Kurswert von rund 65 Mrd DM beziehungsweise etwa 35 Prozent aller Umsätze in deutschen Aktien erreicht haben.

bb) Ausländische Aktien

Seit dem Jahre 1971 werden im Rahmen der Erhebungen der Deutschen Bundesbank auch die Umsätze ausländischer Aktien an deutschen Wertpapierbörsen erfaßt. Diese Umsätze zeigen in der langfristigen Entwicklung eine steigende Tendenz, da sich das deutsche Börsenpublikum in zunehmendem Maße auch für ausländische Dividendenwerte interessiert.

Umsätze ausländischer Aktien an deutschen Börsen (Kassahandel zum Kurswert)

Jahr	Umsatz Mrd DM	Umsatzindex 1972 = 100	Anteil der Auslandsaktien am gesamten Aktienumsatz %
1971	1,0	59,3	5,8
1972	1,6	100,0	6,8
1973	1,2	76,2	6,1
1974	0,9	57,8	6,6
1975	2,3	138,7	7,6
1976	2,7	168,8	9,9
1977	2,6	159,6	8,6
1978	4,4	275,0	11,4

Die Umsätze in Auslandsaktien konzentrieren sich ebenfalls auf einige wenige Werte. Zu den Umsatzfavoriten gehörten in der jüngsten Vergangenheit:

Umsätze an international wichtigen Börsen

Ausländische Aktien mit dem größten Börsenumsatz (Kurswert in Mio DM, Frankfurter Börse)

	1977	1978
IBM	108	207
Philips	161	143
Litton Industries	38	135
Royal Dutch	105	135
Xerox Corporation	89	134
Sperry Rand Corporation	101	126

Von den an der Frankfurter Wertpapierbörse amtlich notierten Auslands-Aktien entfielen etwas mehr als 30 Prozent auf sechs Spitzenwerte.

d) Umsätze an international wichtigen Börsen

Die Anzahl der Wertpapiere, die an den international wichtigen Börsen[9] notiert werden, weist erhebliche Unterschiede auf, die sich auf die Umsätze entsprechend auswirken. An den Börsen von Amsterdam, Düsseldorf, Frankfurt und Zürich ist der Anteil in amtlich notierten Aktien im Verhältnis zu den festverzinslichen Wertpapieren besonders niedrig. An diesen Börsen überwiegen daher die Umsätze in Rentenwerten, während bei den übrigen Plätzen das Schwergewicht bei den Aktienumsätzen liegt. In Toronto erfolgt kein Handel in festverzinslichen Wertpapieren. Die Daten des Londoner Börsenplatzes lassen sich wegen abweichender Erfassungsmethoden für einen Vergleich nicht heranziehen.

Zum Handel zugelassene Wertpapiere (In- und ausländische Werte, Ende 1978)

Börse	Anzahl der notierten	
	Aktien	Rentenwerte
Amsterdam	587	1 515
Düsseldorf	262	2 786
Frankfurt	398	4 560
New York	2 194	2 897
Paris	1 043	1 530
Tokio	1 408	491
Toronto	1 208	–
Zürich	327	1 839

Während des Jahres 1978 wurden an den Börsen in Paris, Tokio und Toronto beachtliche Kursgewinne erzielt. Die Börse in Paris erhielt besondere Anregungen durch das Gesetz zur Förderung des Aktiensparens vom Juli 1978, das in Frankreich ansässigen Personen für zusätzliche Käufe französischer Aktien besondere

Absetzungen vom steuerpflichtigen Einkommen ermöglichte. In New York lag das Kursniveau Ende 1978 geringfügig unter dem Stand von Ende 1977. An den deutschen Wertpapierbörsen war ein leichter Anstieg zu verzeichnen.

Die Aktienumsätze an den international wichtigen Wertpapierbörsen sind nicht ohne weiteres miteinander vergleichbar. An den Börsen von Düsseldorf, Frankfurt, New York, Paris, Tokio und Toronto werden die Umsätze nur einmal, und zwar auf der Verkäuferseite erfaßt. Ein Vergleich mit den Umsätzen an den Wertpapierbörsen von Amsterdam, London und Zürich ist nicht möglich, da an diesen Plätzen die Geschäfte auf der Käufer- und Verkäuferseite, also doppelt einbezogen werden. Die folgende Übersicht soll auch nur Anhaltspunkte für die Größenordnungen an den international wichtigen Börsenplätzen geben.

Entwicklung an international wichtigen Börsen (In- und ausländische Aktien)

Börse	Umsatz 1978	Veränderung gegenüber Vorjahr	Börsenkurse Ende 1978 gegenüber Ende 1977	Währungsveränderung zur DM
	Mrd DM	in Prozent		
New York	375,8	+ 15,0	− 3,1	−13,2
Tokio	305,6	+ 61,5	+23,3	+ 6,8
Paris	20,2	+114,9	+51,4	− 3,0
Toronto	16,0	+ 37,9	+23,6	−20,0
Frankfurt	15,8	+ 33,9	+ 6,8	−
Düsseldorf	12,3	+ 21,2	+ 6,8	−

Eine Trennung nach inländischen und ausländischen Aktien wird an der New York Stock Exchange nicht vorgenommen. An der Tokyo Stock Exchange werden fast ausschließlich inländische Dividendenwerte umgesetzt. Der Anteil ausländischer Werte am gesamten Aktienumsatz betrug 1978 an den Börsen in Frankfurt 18, Paris 13, Düsseldorf 10 und Toronto 1 Prozent.

Für deutsche Anleger wurden die Kurssteigerungen ausländischer Aktien durch die niedrigeren Bewertungen der entsprechenden Währungen gegenüber der Deutschen Mark teilweise empfindlich geschmälert. Ein Wertzuwachs aufgrund steigender Devisenkurse ergab sich für Aktien, die in Yen oder Schweizer Franken notiert werden.

e) Optionshandel

Am 1. Juli 1970 wurde in der Bundesrepublik der Optionshandel[10] neu aufgenommen. Hierbei handelt es sich um eine besondere Form der Termingeschäfte

Optionshandel

in Wertpapieren, die an den deutschen Börsen seit dem 13. Juli 1931 nicht mehr abgewickelt wurden. Bei diesen Termingeschäften erwirbt der Käufer einer Option das Recht, vom Verkäufer jederzeit innerhalb einer festgesetzten Frist die Lieferung oder Annahme einer bestimmten Anzahl von Aktien zu dem im voraus vereinbarten Preis fordern zu können.

Optionen können als ein Teil einer Investmentpolitik angesehen werden. Sie bieten einem Anleger Möglichkeiten für eine Absicherung, die er sonst kaum findet. Der Optionshandel kann aber auch für spekulative Zwecke genutzt werden. Jeder Markt, sei es nun ein Waren- oder ein Wertpapiermarkt, ist ganz ohne Spekulationen nicht denkbar.

Wenn Überlegungen eines Anlegers in Aktien darauf gerichtet sind, bestimmte Zukunftserwartungen vorzeitig in Anlageentscheidungen umzusetzen, kann er im Rahmen eines Termingeschäfts zu gegebener Zeit eine Option ausüben. Den Teilnehmern am Optionshandel werden hierzu folgende Möglichkeiten geboten:

Mit dem Erwerb einer Kaufoption verschiebt der Käufer den erforderlichen Kapitalaufwand zum Kauf der Aktien, die den Gegenstand des Geschäfts bilden, in die Zukunft. Mit der Entrichtung des verhältnismäßig geringen Optionspreises erwirbt er nämlich das Recht zum Kauf einer weit größeren Anzahl an Aktien, als er zum gleichen Zeitpunkt mit dem aufgewendeten Betrag im Kassahandel hätte erwerben können. Der spekulative Käufer riskiert bewußt den gezahlten Optionspreis für die Chance, seine Gewinnmöglichkeiten sowohl in Bezug auf den Zeitpunkt als auch auf die Höhe ausnutzen zu können. Der Käufer, darauf muß mit Nachdruck hingewiesen werden, bestimmt nämlich den Zeitpunkt, an dem er die Option ausüben will. Er kann die Option beispielsweise ausüben, wenn die Kurse der Aktien, die dem Geschäft zugrunde liegen, über den Basispreis gestiegen sind. Bei dem Basispreis handelt es sich um den bei Abschluß des Geschäfts vereinbarten Kurs, zu dem die Aktien bei Ausübung der Option abzurechnen sind. In der Regel entspricht der Basispreis dem Tageskurs zum Zeitpunkt des Geschäftsabschlusses.

Der Verkäufer einer Kaufoption ist wiederum daran interessiert, durch den vereinnahmten Optionspreis für seine Aktien einen höheren Ertrag als die Dividendenzahlung zu erzielen beziehungsweise seinen Einstandskurs zu verbilligen. Er wird nicht mit großen Kurssteigerungen rechnen. Daher verzichtet er bewußt auf eine Gewinnmöglichkeit durch etwaige Kurserhöhungen, denn er muß davon ausgehen, daß ihm bei Steigerungen der Kurse die Aktien abgefordert werden.

Die Chancen, aber auch die Risiken erhöhen sich erheblich, wenn der Stillhalter einer Kaufoption von der seit April 1975 bestehenden Möglichkeit Gebrauch macht und nur die Hälfte der den Gegenstand des Geschäfts bildenden Aktien als Deckung bereithält. Für den nicht durch Optionspapiere gedeckten Wert des Geschäfts muß der Verkäufer dann eine Sicherheit bieten, die um mindestens 30 Prozent über dem Wert liegt, der sich aus dem Basispreis der nicht durch Optionspapiere gedeckten Stückzahl des Geschäfts ergibt. Diese Sicherheit kann in Geld, lombardfähigen Wertpapieren, in sonstigen an deutschen Börsen amtlich notierten Wertpapieren oder in sonstiger der Lombardkasse genehmer Art geleistet werden. Dabei können Rentenwerte bis zu 90 Prozent und Aktien bis zu 75 Prozent des Kurses abgerechnet werden. Stillhalter über nur halbgedeckte Optionen müssen über einen entsprechenden finanziellen Rückhalt verfügen, um mögliche Verluste tragen zu können. Die Halbdeckung kann daher nur für Anleger von Interesse sein, die ständig über eine ausreichende Liquidität verfügen.

Der Erwerber einer Verkaufsoption hat die Möglichkeit, sich gegen das Risiko des Kursverlustes bei den Aktien abzusichern, die sich in seinem Besitz befinden. Falls er die Aktien nicht besitzt, kann er darauf spekulieren, daß er die Aktien während der Laufzeit der Option günstiger eindecken und an den Stillhalter verkaufen kann.

Der Verkäufer einer Verkaufsoption muß dagegen stets damit rechnen, daß er die dem Geschäft zugrunde liegenden Aktien abgeben muß. Diese Abgabe erfolgt zu dem Preis, der ihm bekannt ist, und der sich noch um den vereinnahmten Optionspreis vermindert. Der Verkäufer einer Verkaufsoption geht davon aus, daß ihm die Aktien nur angedient werden, wenn der Kurs bis zur Ausübung der Option gefallen ist. Obwohl zu dem vereinbarten Optionspreis noch die Zinsen für den bereitgehaltenen Gegenwert berücksichtigt werden müssen, besteht für den Stillhalter einer Verkaufsoption wegen eines möglichen zwischenzeitlichen Kursverfalls ein beträchtliches Risiko. Stillhalter von Verkaufsoptionen dürften im allgemeinen nur an dem Geschäft interessiert sein, wenn sie entweder Verwalter größerer Wertpapier-Portefeuilles oder Daueranleger sind.

Teilnehmer des Optionshandels müssen auch folgende Faktoren in Rechnung stellen: Beim Abschluß des Optionsgeschäftes und bei Ausübung der Option fallen Bankspesen an. Ferner sind etwaige Liquiditätskosten und Dividendenzahlungen zu berücksichtigen. Bei Sechsmonats-Kaufoptionen beträgt der Optionspreis durchweg 5 bis 11 Prozent des Kurswertes der Aktien. Bei Verkaufsoptionen liegt der Optionspreis in der Regel zwischen 3 und 6 Prozent der jeweiligen Basispreise bei einer Laufzeit von sechs Monaten. Nach den Optionsbedingungen werden fällige Dividenden und gewährte Bezugsrechte während der Laufzeit der Option abgezogen.

Zum Optionshandel sind an den deutschen Wertpapierbörsen die Aktien von 45 deutschen Gesellschaften, die insgesamt ein Grundkapital von rund 27 Mrd DM besitzen, sowie 11 ausländische Werte zugelassen. Gemessen an dem Grundkapital aller deutschen Gesellschaften, deren Aktien an der Börse notiert werden, stehen damit mehr als 60 Prozent des Nominalkapitals für diese besondere Form der Termingeschäfte zur Verfügung. An den Wertpapierbörsen[11] der Bundesrepublik ist für den Zeitraum von 1971 bis 1978 folgende Entwicklung festzustellen:

Optionshandel

Bestand der offenen Optionsgeschäfte (Mio DM Basispreis)

Zeit	Bestand offener Geschäfte zu Beginn des Jahres	Zugang durch Neuabschlüsse	Abgang durch Optionsausübung	Verzicht auf Optionsausübung	Bestand offener Geschäfte am Jahresende
		Kaufoptionen			
1973	51	174	39	119	67
1974	67	162	62	100	67
1975	67	345	183	93	136
1976	136	420	180	254	122
1977	122	260	163	132	96
1978	96	383	186	128	165
		Verkaufsoptionen			
1973	32	92	55	40	29
1974	29	48	24	38	14
1975	14	111	18	59	48
1976	48	119	80	59	28
1977	28	97	24	65	38
1978	38	145	45	84	55

Bei den Abgängen der offenen Optionsgeschäfte zeigt sich, daß in früheren Jahren überwiegend auf die Ausübung der Option durch Fristablauf verzichtet wurde. Bei den Kaufoptionen lag 1975, 1977 und 1978, bei den Verkaufsoptionen 1976 das Schwergewicht der Abgänge bei der Optionsausübung.

In der Bundesrepublik ist Frankfurt der führende Börsenplatz für den Optionshandel. Mehr als neun Zehntel aller Optionsgeschäfte werden dort abgewickelt. Die Summe der Basispreise betrug 1976 in Frankfurt, im Verhältnis zum Aktienumsatz des Kassahandels, bereits 4 Prozent. 1977 und 1978 wurde ein Anteil von 3 bzw. 4 Prozent erreicht. Diese Relation entspricht der im internationalen Vergleich üblichen Norm.

Optionsgeschäfte an der Frankfurter Börse

Zeit	Anzahl	1 000 Stück	Basispreise Mio DM
1974	23 241	1 326	157,5
1975	41 613	2 685	370,0
1976	49 156	3 156	454,0
1977	38 437	2 404	322,9
1978	73 763	3 733	496,1

Aktiengesellschaften und Börse

Von den Optionsgeschäften an der Frankfurter Börse[12] wurden im allgemeinen drei Viertel durch Kaufoptionen und ein Viertel durch Verkaufsoptionen abgewickelt. Bei den Laufzeiten sind seit 1970 einige Verschiebungen eingetreten. Bis 1974 überwogen bei den Kaufoptionen Geschäfte mit einer Laufzeit von sechs Monaten. In den Jahren 1975, 1976 und 1977 gewannen Laufzeiten von zwei und drei Monaten etwas mehr an Bedeutung. 1978 lag das Schwergewicht wiederum bei den Sechsmonats-Kaufoptionen:

Laufzeit	Anteil 1978 %
2 Monate	18
3 Monate	27
6 Monate	55

Bei den Laufzeiten der Verkaufsoptionen traten ebenfalls Veränderungen ein. Während in früheren Jahren kürzere Laufzeiten bevorzugt wurden, verlagerte sich 1977 und 1978 das Interesse zu den Sechsmonats-Optionen.

Die Optionspreise, die im Dezember 1974 für Sechsmonats-Kaufoptionen mit 12,6 Prozent des Basispreises einen besonders hohen Stand erreicht hatten, zeigten während der letzten Jahre eine durchweg rückläufige Entwicklung im Jahresdurchschnitt.

Optionspreise im Verhältnis zu den Basispreisen (Frankfurter Börse; Jahresdurchschnitt in Prozent)

Jahr	Kaufoptionen			Verkaufsoptionen		
	Zwei Monate	Drei Monate	Sechs Monate	Zwei Monate	Drei Monate	Sechs Monate
1974	5,1	6,6	10,1	3,4	4,4	6,0
1975	4,8	5,9	9,5	2,9	3,6	4,7
1976	4,2	5,3	8,3	2,4	3,0	4,3
1977	3,3	4,0	6,2	2,1	2,6	3,6
1978	3,3	3,9	5,9	2,4	2,9	3,7

Die Schwankungsbreite der Optionspreise lag während der einzelnen Monate des Jahres 1978 bei den Sechsmonate-Kaufoptionen zwischen 5,3 und 7,0 Prozent und bei den Sechsmonate-Verkaufsoptionen zwischen 3,0 und 4,3 Prozent des Basispreises.

Ganz allgemein läßt sich feststellen, daß sich der Optionshandel in den vergangenen Jahren durchaus bewährt hat. Die Umsätze und Neuzugänge an Geschäften wurden erheblich ausgeweitet. Für die künftige Entwicklung dieser Art von

Termingeschäften ist zu berücksichtigen, daß hier nur ein sehr begrenzter Kreis an Interessenten vorhanden ist. Auch das im Vergleich zum Kassahandel kompliziertere Abwicklungsverfahren trägt mit dazu bei, daß sich der Geschäftsumfang in engeren Grenzen halten wird. Daher dürfte der Anteil der Optionsgeschäfte im Vergleich zum Kassahandel weiterhin gering bleiben und ein Zwanzigstel des Kassahandels kaum übersteigen.

3. Kurse und Renditen der Aktien

Jeder Teilnehmer an den Aktienmärkten sollte über alle Tatbestände, die für einen Kauf- oder Verkaufsauftrag von Bedeutung sein können, möglichst umfassend informiert sein. Dazu gehören neben den Daten über die gesamtwirtschaftliche Entwicklung, über den betreffenden Wirtschaftszweig und über die jeweilige Gesellschaft in erster Linie jene Angaben, die an der Börse selbst entstehen: Die Kurse und Umsätze. Aus der Kursentwicklung läßt sich die Bewertung der Aktien in der Vergangenheit ersehen. Sie läßt auch gewisse Rückschlüsse auf die Zukunft zu. Aus der Umsatzentwicklung ist zu erkennen, welches Interesse die Aktien beim Publikum finden.

a) Kursentwicklung

Über die Entwicklung der Kurse insgesamt oder auch in einzelnen Wirtschaftszweigen vermitteln die Aktienindizes einen guten Überblick. Aktienindizes werden börsentäglich vom Statistischen Bundesamt, von der Frankfurter Wertpapierbörse, von Kreditinstituten (Commerzbank, Hardy, Westdeutsche Landesbank) und der Tagespresse (Frankfurter Allgemeine Zeitung) berechnet und veröffentlicht. Die Berechnung der Aktienindizes durch das Statistische Bundesamt[13] erfolgt, wie auch bei den Indizes der Frankfurter Wertpapierbörse, mit Hilfe der Laspeyres-Indexformel. Als Gewicht legt das Statistische Bundesamt das am 29. Dezember 1972 – dem sogenannten Basisstichtag – ermittelte börsennotierte Stammkapital zugrunde. In die börsentägliche Berechnung wird eine ausgewählte Anzahl von Gesellschaften einbezogen, die mindestens neun Zehntel des börsennotierten Kapitals an Stammaktien sowohl insgesamt als auch in den einzelnen Wirtschaftszweigen repräsentieren. Schwankungen in dem Bestand der einbezogenen Gesellschaften werden einzeln bereinigt, und zwar entweder durch Einbeziehung eines Ersatzwertes, durch Übertragung des Gewichts des ausgeschiedenen Unternehmens auf eine andere „Indexgesellschaft" oder durch Aufteilung auf die verbliebenen Gesellschaften des betreffenden Wirtschaftszweiges. Für die börsennotierten Gesellschaften gelten folgende Auswahlkriterien:

– Der juristische Sitz der Gesellschaft muß in der Bundesrepublik (einschließlich Berlin) liegen.

Kurse und Renditen der Aktien

— Die Stammaktien der Gesellschaft müssen mindestens an einer deutschen Wertpapierbörse zum amtlichen Handel oder geregelten Freiverkehr eingeführt sein.

Für die Zuordnung der Gesellschaften zu den entsprechenden Wirtschaftszweigen ist der Schwerpunkt ihrer wirtschaftlichen Tätigkeit maßgebend. Als „Farbenwerte" werden die Nachfolgegesellschaften der I. G. Farbenindustrie AG i. A., nämlich BASF, Bayer und Hoechst erfaßt. Bei den „Volksaktien" handelt es sich um die Gesellschaften Preussag, Veba und VW, deren Aktien nach einer Teilprivatisierung von Bundesvermögen breit gestreut wurden.

Um einen kurzen aber aussagefähigen Überblick zu erhalten, wurden die Jahresdurchschnitte in fünfzehn Wirtschaftszweigen, für Farbenwerte und Volksaktien sowie der Gesamtindex zu Fünfjahres-Durchschnitten 1966 bis 1970 und 1971 bis 1975 zusammengefaßt und den Durchschnitten der Jahre 1977 und 1978 gegenübergestellt. Bei einem derartigen Vergleich werden kurzfristige Schwankungen weitgehend ausgeschaltet.

Der Gesamtindex zeigt in der langfristigen Entwicklung eine Steigerung. Im Fünfjahresdurchschnitt 1971 bis 1975 lag er 3,9 Prozent höher als in dem Zeitraum 1966 bis 1970. In den beiden Jahren 1977 und 1978 lag das Kursniveau wiederum 8,8 beziehungsweise 16,8 Prozent höher als in dem Zeitraum 1971 bis 1975. Seinen bisher höchsten Stand hatte der Gesamtindex der Aktienkurse in der zweiten Novemberhälfte des Jahres 1969 mit 119,9 (Basis: 29. 12. 1972 = 100).

Index der Aktienkurse (29. 12. 1972 = 100)

Wirtschaftsbereich	1966/70	1971/75	1977	1978
Energiewirtschaft	87,7	94,6	101,4	122,1
Eisen- und Stahlindustrie	99,1	103,5	142,3	148,5
Farbenwerte	133,9	93,0	103,8	97,7
Chemische Industrie (ohne Farbenwerte)	83,7	91,2	86,8	91,6
Zementindustrie	54,3	79,4	55,9	69,6
Maschinenbau	82,7	93,0	109,0	131,6
Fahrzeugbau	63,9	90,2	114,1	124,8
Elektroindustrie	65,2	88,9	79,6	84,1
Brauereien	66,3	84,8	57,2	57,5
Nahrungs- und Genußmittel	67,9	92,9	87,4	93,9
Bauindustrie	54,9	82,7	84,6	119,5
Warenhäuser	80,1	83,6	73,3	70,9
Verkehr (ohne Schiffahrt)	107,2	88,2	149,4	156,0
Schiffahrt	81,9	109,4	129,3	119,8
Kreditbanken	72,2	90,1	95,3	106,8
Hypothekenbanken	55,1	85,2	75,2	100,1
Volksaktien	114,4	88,9	103,9	122,6
Publikumsgesellschaften*	–	87,8	102,4	109,0
Gesamtindex	89,7	93,2	101,4	108,9

* nur 1973 bis 1975

Kursentwicklung

Ein wesentlich differenzierteres Bild als in der Gesamtentwicklung ergibt eine Aufgliederung nach Wirtschaftszweigen und die Bildung von Teilindizes. Nur in zwei Wirtschaftsbereichen, dem Fahrzeugbau und dem Maschinenbau, trat bei einem längerfristigen Vergleich eine ständige Anhebung der durchschnittlichen Kurse ein. Im Durchschnitt des Jahres 1978 lag das Kursniveau im Fahrzeugbau 95 und im Maschinenbau 59 Prozent höher als in den Jahren 1966 bis 1970.

In vier Wirtschaftszweigen – Eisen- und Stahlindustrie, Elektrotechnik, Schiffahrt und Kreditbanken – stiegen die Kurse bis zum Jahresdurchschnitt 1976. Im Jahresdurchschnitt 1977 erfolgte dagegen ein leichter Rückgang.

	1971/75 gegen 1966/70	1976 gegen 1971/75	1977 gegen 1976	1978 gegen 1976
	in Prozent			
Eisen- und Stahlindustrie	+ 4,4	+43,9	– 4,4	– 0,3
Elektrotechnik	+36,3	+ 0,1	–10,6	– 4,5
Schiffahrt	+33,6	+20,4	– 1,8	– 9,0
Kreditbanken	+24,8	+ 6,5	– 0,7	+11,0

Während sich in drei Bereichen, also mit Ausnahme der Elektrotechnik, der Kursanstieg bis 1976 mit deutlichen Steigerungen fortsetzte, lag das Kursniveau 1978 bei den Gesellschaften der Eisen- und Stahlindustrie, Elektrotechnik und Schiffahrt niedriger als 1976. Bei den Kreditbanken wurden die Durchschnittskurse des Jahres 1976 im Jahr 1978 um 11 Prozent übertroffen.

Zwei Wirtschaftszweige – Energiewirtschaft und Warenhäuser – zeigen in der langfristigen Entwicklung geringere Schwankungen als in den anderen Bereichen. 1978 waren die Kurse in der Energiewirtschaft, die 1976 Einbußen hinnehmen mußten, 39 Prozent höher als 1966 bis 1970. Für die Warenhäuser, deren Ertragslage sich in letzten Jahren verschlechterte, ergab sich im Durchschnitt des Jahres 1978 ein Rückgang um 11 Prozent gegenüber dem Zeitraum 1966 bis 1970.

Bei den Farbenwerten wurde das Kursniveau der Jahre 1966 bis 1970 noch nicht wieder erreicht. 1971 bis 1975 lagen die Kurse der Farbenwerte 70 Prozent niedriger als in der vorhergehenden Fünfjahresperiode. 1976 setzte eine Erholung der Kurse ein, die sich jedoch 1977 und 1978 nicht fortsetzte. Im Durchschnitt des Jahres 1978 waren die Kurse noch 27 Prozent niedriger als 1966 bis 1970.

Die Volksaktien, die bis 1977 eine ähnliche Entwicklung wie die Farbenwerte hatten, machten 1978 gute Kursgewinne, so daß bei den drei Werten VW, Veba und Preußag der Stand von 1966 bis 1970 um 7 Prozent überschritten wurde. Die Farbenwerte und Volksaktien sind beim Börsenpublikum breit gestreut. Von den Börsenumsätzen der letzten Jahre entfielen rund ein Fünftel auf diese beiden Gruppen.

Kurse und Renditen der Aktien

In fünf Wirtschaftszweigen – Chemische Industrie (ohne Farbenwerte), Zementindustrie, Brauereien, Nahrungs- und Genußmittel sowie Hypothekenbanken – war das Kursniveau 1971 bis 1975 höher 1966 bis 1970. Im Laufe des Jahres 1976 setzte bei diesen Werten teilweise ein größerer Rückgang ein, der 1977 zum Stillstand kam oder sich abschwächte. 1978 traten bei diesen Gruppen, ausgenommen Brauereien, Kurserholungen ein, die bei den Hypothekenbanken und der Zementindustrie besonders kräftig waren. Bei den Brauereien lagen die Kurse des Jahres 1978 noch unter dem Durchschnitt der Jahre 1966 bis 1970.

	1971/75 gegen 1966/70	1976 gegen 1971/75	1977 gegen 1976	1978 gegen 1976
	in Prozent			
Chemische Industrie (ohne Farbenwerte)	+ 9,0	– 5,3	+0,5	+ 6,0
Zementindustrie	+46,2	–28,7	–1,2	+23,0
Brauereien	+40,6	–25,4	–9,6	– 9,2
Nahrungs- u. Genußmittelindustrie	+36,8	– 3,1	–2,9	+ 4,3
Hypothekenbanken	+54,6	–13,1	+1,6	+35,0

In dem Wirtschaftszweig Verkehr (ohne Schiffahrt) ist eine Sonderentwicklung festzustellen. 1971 bis 1975 lagen die Kurse in diesem Bereich 18 Prozent niedriger als 1966 bis 1970. Sie stiegen jedoch 1976 kräftig an, und zwar um 48 Prozent gegenüber der Fünfjahresperiode 1971 bis 1975. Im Durchschnitt des Jahres 1978 hatten sie den Stand der Jahre 1971 bis 1975 sogar um 77 Prozent übertroffen. Geht man den Ursachen dieser Sonderentwicklung nach, so ergeben sich folgende Besonderheiten: In den Aktienindex der Verkehrsunternehmen (ohne Schiffahrt) werden neben der Deutschen Lufthansa die börsennotierten Gesellschaften des öffentlichen Nahverkehrs einbezogen. Die wirtschaftliche Lage dieser Gesellschaften gibt keinerlei Anhaltspunkte für die Kurssteigerungen. Im Gegenteil, seit vielen Jahren schließen die Gesellschaften des öffentlichen Nahverkehrs ihre Bilanzen mit hohen Verlusten ab. Auch für die Zukunft zeichnet sich, soweit das zu übersehen ist, keine Änderung der Ertragslage ab. Die Gründe für die Kurssteigerungen sind daher auf einem anderen Feld zu suchen. Die Aktien der Nahverkehrsunternehmen, wie Hamburger Hochbahn, Hannoversche Verkehrsbetriebe oder Bremer Straßenbahn, befinden sich zu mehr als 95 Prozent im Besitz der öffentlichen Hand. Bei den kräftigen Kurssteigerungen handelt es sich um eine Abfindungsspekulation. Da bei diesen Werten eine große Marktenge besteht, führt bereits eine geringe Nachfrage im Hinblick auf mögliche Abfindungen oder Aufbesserungen von Abfindungsangeboten zu kräftigen Kurssteigerungen.

In 12 der ausgewiesenen Gruppen wurde im Durchschnitt des Jahres 1978 im langfristigen Vergleich das bisher höchste Kursniveau erreicht. In den sechs Bereichen – Farbenwerte, Eisen- und Stahlindustrie, Elektroindustrie, Brauereien, Warenhäuser und Schiffahrt – wurde 1976 der höchste Stand erzielt. Die Aktien der Zementindustrie wiesen im April 1973, auf dem Höhepunkt des damaligen Bau-Booms, mit 112,4 den höchsten Monatsdurchschnitt aus.

Gegenüber dem Jahresdurchschnitt 1966 bis 1970 wurden die größten Kurssteigerungen von den Werten der Bauindustrie (+ 117 %), des Fahrzeugbaus (+ 95 %), der Hypothekenbanken (+ 82 %) und des Maschinenbaus (+ 59 %) erzielt. In drei Wirtschaftsgruppen wurde der Fünfjahresdurchschnitt 1966 bis 1970 noch nicht wieder erreicht: Farbenwerte (– 27 %), Warenhäuser (– 11 %) und Brauereien (– 5 %). Der Gesamtindex der Aktien lag 1978 rund ein Fünftel höher als in dem Zeitraum von 1966 bis 1970.

Eine Aufgliederung der gesamten Kursentwicklung nach Wirtschaftszweigen und die Bildung von Teilindizes führt, wie die tabellarische Aufstellung zeigt, zu aufschlußreichen Ergebnissen. Die Kursentwicklung in einem einzelnen Wirtschaftszweig braucht keineswegs mit dem allgemeinen Trend übereinzustimmen. Das gleiche gilt wiederum für den Kurs einer einzelnen Gesellschaft, der vom Branchentrend abweichen kann. Sowohl der Gesamtindex als auch die Branchenindizes können immer nur die allgemeine Kursentwicklung beziehungsweise die Kursentwicklung in dem jeweiligen Wirtschaftszweig widerspiegeln. Der Aktienindex zeigt, darauf sei nochmals hingewiesen, eine Bewertung der Aktien in der Vergangenheit, die gewisse Rückschlüsse für die Bewertung in der Zukunft zuläßt. Jeder Teilnehmer der Aktienmärkte wird aber bei seinen Entscheidungen in aller Regel noch weitere Informationen heranziehen.

b) Dividendenrendite

Jeder Aktionär wird von Zeit zu Zeit seine Anlage überprüfen, um sich einen Überblick von der effektiven Verzinsung zu verschaffen. Die Rendite der Aktien, die das Verhältnis der Dividende zum Kurs widerspiegelt, ist zwar nur einer von mehreren Gesichtspunkten, die bei den Dispositionen eines Anlegers eine Rolle spielen, aber sie ist ein Faktor, der nach der Reform des Körperschaftsteuergesetzes wieder an Bedeutung gewonnen hat.

Wer die Rendite der Aktien und der festverzinslichen Wertpapiere über einen langfristigen Zeitraum von mehr als 100 Jahren verfolgt, stößt auf unterschiedliche Tendenzen. Für die Rendite der börsennotierten Wertpapiere waren bis zum Ersten Weltkrieg andere Gesichtspunkte maßgebend als in den zwanziger und dreißiger Jahren. Nach dem Zweiten Weltkrieg erfuhren sowohl die allgemeine Wirtschaftsordnung als auch die Struktur der Wertpapiermärkte grundlegende Veränderungen. In einer Rückschau dieser langfristigen Entwicklung sind die vielfältigen Wandlungen deutlich zu erkennen.

Zwischen 1870 und 1879 lag die Rendite börsennotierter Aktien[14] im Durchschnitt 2,1 Prozentpunkte höher als die Rendite festverzinslicher Wertpapiere. In dem Zeitraum von 1880 bis 1913 verminderte sich der Abstand auf 1,4 Prozentpunkte. In den Jahren vor dem Ersten Weltkrieg stand für den Erwerber von Aktien die Rendite besonders stark im Vordergrund. Die Anleger gingen damals von der Überlegung aus, daß die Rendite für die risikoreichere Aktie selbstverständlich höher liegen muß als bei den festverzinslichen Wertpapieren.

Rendite börsennotierter Wertpapiere (Durchschnittswerte in Prozent)

Zeitraum	Aktien	Festverzinsliche Wertpapiere*	Abstand zwischen Aktien und Rentenwerten (Prozentpunkte)
1870/79	6,4	4,3	+2,1
1880/1913	5,2	3,8	+1,4
1926/39	4,8	6,4	−1,6
1950/59	2,9	5,4	−2,5
1960/69	3,2	6,6	−3,4
1970	4,4	8,2	−3,8
1971	4,0	8,3	−4,3
1972	3,1	8,4	−5,3
1973	3,7	9,6	−5,9
1974	4,4	10,7	−6,3
1975	3,5	9,0	−5,5
1976	3,6	8,2	−4,6
1977	3,7	6,6	−2,9
1978**	4,7	6,4	−1,7

* Verschiedene Pfandbriefe, ab 1958 tarifbesteuerte Pfandbriefe.
** Einschließlich Steuergutschrift.

Nach dem Ersten Weltkrieg, der sich daran anschließenden Inflation und der Normalisierung der Währungsverhältnisse ab 1924 war eine große Kapitalknappheit vorhanden. Dieser Engpaß trug wesentlich dazu bei, daß die Rendite festverzinslicher Wertpapiere im Jahr 1925 mit 9,5 Prozent eine extreme Höhe erreichte, die den Durchschnitt der Jahre 1880 bis 1913 um das Zweieinhalbfache überstieg. Die Aktiengesellschaften konnten in jenen Jahren, wenn überhaupt, nur niedrige Dividenden zahlen. Die Aktienrendite ging erheblich zurück. Zwar ermäßigte sich auch die Effektivverzinsung festverzinslicher Wertpapiere bis auf 4,5 Prozent in den Jahren 1937 bis 1939. Sieht man jedoch von der Sonderentwicklung des Jahres 1930 ab, so war in dieser gesamten Periode nach dem Ersten Weltkrieg die Rendite für die risikoreichere Aktie niedriger als die Rendite festverzinslicher Wertpapiere.

Nach der Währungsreform im Jahre 1948 war die Kapitalknappheit wiederum sehr groß, aber die Entwicklung nahm einen anderen Verlauf als nach dem Ersten Weltkrieg. Während die Rendite festverzinslicher Wertpapiere in den zwanziger und dreißiger Jahren eine sinkende Tendenz zeigte, ergaben sich nach der Währungsreform, vor allem seit den sechziger Jahren, wesentliche Steigerun-

Dividendenrendite

gen. Die Rendite festverzinslicher Wertpapiere, die bis 1957 weniger als 6 Prozent betrug, lag weiterhin stets höher als die Rendite der Aktien. Der Abstand in der Effektivverzinsung zwischen den beiden Wertpapierarten wurde ständig größer. Er belief sich im Durchschnitt der Jahre 1960 bis 1969 auf 3,4 Prozentpunkte. Bis 1974 vergrößerte er sich bis auf die bisher größte Differenz von 6,3 Prozentpunkten. Die risikoreichere Aktie besaß damit eine erheblich niedrigere Effektivverzinsung als die festverzinslichen Wertpapiere.

Für die außergewöhnliche Entwicklung sind eine Reihe von Gründen maßgebend gewesen. In diesem Zusammenhang ist zu erinnern an die steuerliche Benachteiligung der Aktie, die starke Inanspruchnahme des Kapitalmarktes durch langfristige Finanzierungsmittel während des Bau-Booms, die beträchtliche Verschuldung der öffentlichen Hand sowie die größer gewordene Abhängigkeit des Kapitalmarktes vom Geldmarkt.

In früheren Zeitabschnitten verteilte sich die Inanspruchnahme des Kapitalmarktes gleichmäßiger auf die beiden Teilmärkte Aktien und festverzinsliche Wertpapiere. Seit den sechziger Jahren verlagerte sich die Entwicklung immer mehr zu Gunsten der Schuldverschreibungen.

Umlauf von Aktien und Schuldverschreibungen (Nominalwert in Mrd M/RM/DM)

Jahres-ende	Aktien	Schuld-verschreibungen	Anteil der Aktien am Gesamtumlauf %
1913	17,4	48,3	25
1938	18,7	39,3	32
1955	22,1	36,6	60
1960	31,7	40,4	44
1965	44,9	96,0	32
1970	55,6	158,0	26
1975	75,6	316,9	19
1976	78,3	365,2	18
1977	82,4	416,9	16
1978	85,0	461,5	16

Der Umlauf der Schuldverschreibungen stieg von Ende 1960 bis Ende 1978 um mehr als das Zehnfache. In dem gleichen Zeitraum erhöhte sich der Umlauf der Aktien noch nicht einmal um das Dreifache. Die starke Verschuldung der öffentlichen Haushalte in den siebziger Jahren führte dazu, daß vor allem der Umlauf der Anleihen der öffentlichen Hand und der Kommunalobligationen kräftig ausgeweitet wurde. Ende 1967 entfielen vom Gesamtumlauf der Schuldverschreibungen 48 Prozent auf Anleihen der öffentlichen Hand und auf Kommunalobligationen. Ende 1978 hatte sich dieser Anteil bereits auf 62 Prozent erhöht.

Kurse und Renditen der Aktien

Die Effektivverzinsung festverzinslicher Wertpapiere erreichte 1974 mit 10,7 Prozent ihren bisher höchsten Stand. In den folgenden Jahren setzte wieder ein Rückgang ein bis auf 5,9 Prozent im Frühjahr 1978. Im Laufe des Jahres 1978 machte sich wieder eine steigende Tendenz bemerkbar. Im Frühjahr 1979 hatte die Rendite festverzinslicher Wertpapiere die Sieben-Prozent-Marke erneut überschritten. Der Abstand zur Effektivverzinsung der Aktien einschließlich Steuergutschrift betrug damit wieder rund 2 $^1/_2$ Prozent.

Während zwischen den einzelnen festverzinslichen Wertpapieren – Pfandbriefe, Kommunalobligationen, Industrieobligationen und Anleihen der öffentlichen Hand – verhältnismäßig geringe Unterschiede in der Rendite bestehen, ergeben sich bei den Aktien zwischen den einzelnen Wirtschaftsbereichen[15], aber auch von Gesellschaft zu Gesellschaft teilweise wesentliche Abweichungen vom Durchschnittssatz. Eine Aufgliederung nach Wirtschaftszweigen ergibt folgendes Bild:

Rendite börsennotierter Aktien (in Prozent)

	Jahresende		
	1976	1977	1978*
Insgesamt	3,6	3,7	4,7
Darunter:			
Energiewirtschaft	4,7	3,9	5,6
Eisen- und Stahlindustrie	4,8	4,4	5,6
Farbenwerte	4,9	6,1	7,0
Chemische Industrie (ohne Farbenwerte)	4,1	4,1	4,1
Zementindustrie	2,7	2,5	2,7
Maschinenbau	3,9	3,4	4,1
Fahrzeugbau	2,2	3,6	5,3
Elektroindustrie	2,7	2,5	3,9
Textil- und Bekleidungsindustrie	3,2	2,7	3,4
Brauereien	2,7	3,0	3,0
Nahrungs- und Genußmittel	3,7	3,3	4,4
Bauindustrie	2,4	2,0	2,8
Warenhäuser	3,7	3,2	3,3
Schiffahrt	5,3	5,2	5,4
Kreditbanken	3,8	3,6	5,0
Hypothekenbanken	3,5	2,9	3,8
Versicherungen	2,3	2,1	2,7

* einschließlich Steuergutschrift

Ende 1978 lag die Rendite in sechs Bereichen – Energiewirtschaft, Eisen- und Stahlindustrie, Farbenwerte, Fahrzeugbau, Schiffahrt und Kreditbanken – über dem Gesamtdurchschnitt. Die höchste Effektivverzinsung wurde für Farbenwerte – Bayer, BASF und Hoechst – mit einem Satz von 7,0 Prozent erzielt.

Durch die Reform der Körperschaftsteuer hat sich die Rendite der Aktien wesentlich verbessert. Der durchschnittliche Dividendensatz der Aktiengesellschaften für das Geschäftsjahr 1978 nahm gegenüber dem vorhergehenden Jahr leicht zu. Durch die Steuergutschrift, die für inländische Aktionäre 9/16 der jeweiligen Bardividende beträgt, ergab sich ganz allgemein eine deutliche Anhebung der Rendite. Ausländische Aktionäre, die bekanntlich keine Steuergutschrift erhalten, fühlen sich verständlicherweise diskriminiert. Der Deutsche Bundestag hat seinerzeit die Bundesregierung in einer mit dem Körperschaftsteuergesetz verabschiedeten Entschließung aufgefordert, unter wettbewerbs- und investitionspolitischen Gesichtspunkten die Doppelbesteuerungsabkommen mit dem Ziel einer Modifizierung der Belastung durch die Kapitalertragsteuer zu überprüfen. Obwohl seit dieser Entschließung bereits längere Zeit verstrichen ist, zeichnen sich noch immer keine zufriedenstellenden Regelungen für ausländische Aktionäre ab. Es wäre dringend notwendig, dieses Problem endlich einmal mit Vorrang und mit der erforderlichen Beschleunigung zu behandeln.

4. Aktienemissionen und ihre Unterbringung

Der Kurswert der Aktienemissionen[16] erfuhr im Laufe der Jahre eine kräftige Steigerung. In den Jahren 1966 bis 1970 betrug der Gesamtabsatz an Aktien gegen Bareinzahlung einschließlich der Ausgabe von Aktien aus Gesellschaftsmitteln sowie der Umtausch von Wandelschuldverschreibungen im Jahresdurchschnitt 2,8 Mrd DM. In den Jahren 1971 bis 1975 erhöhte sich der Jahresdurchschnitt auf 4,4 Mrd DM. 1976 wurde mit einem Kurswert von 6,1 Mrd DM das bisher höchste Emissionsergebnis erzielt, während 1977 und 1978 junge Aktien im Werte von 4,4 beziehungsweise 5,6 Mrd DM emittiert wurden.

Von dem Nominalwert der Emissionen entfiel in den letzten Jahren stets der größere Teil auf die Aktien, die nicht an den Wertpapierbörsen notiert werden. Der Emissionskurs der börsennotierten Aktien war jedoch durchweg wesentlich höher als bei den nicht börsennotierten Werten. Nur 1976 lag der Emissionskurs der nicht börsennotierten Aktien 7 Prozentpunkte höher als bei den börsennotierten Aktien. Im langfristigen Durchschnitt betrug der Emissionskurs der börsennotierten Werte mehr als 200 Prozent, während er bei den Aktien, die nicht an einer Wertpapierbörse gehandelt werden, unter 150 Prozent lag.

a) Depotbestände

Über den Verbleib der emittierten deutschen Aktien vermitteln die Depoterhebungen[17] der Deutschen Bundesbank kein vollständiges Bild, da ein wesentlicher Teil – rund zwei Fünftel – sich nicht näher aufgliedern läßt. Bei diesem Restposten handelt es sich durchweg um Aktien, die in Eigenverwahrung genommen werden. Die Eigenverwahrung besitzt vor allem bei Unternehmen eine große Bedeutung, die ihre Beteiligungen und ihren übrigen Dauerbesitz vielfach selbst verwalten.

Aktienemissionen und ihre Unterbringung

Besitz an deutschen Aktien (Nominalwert in Mrd DM)

	Ende 1971	Ende 1978
	Mrd DM	
Umlauf an deutschen Aktien (ohne Versicherungswerte)	58,5	82,7
davon entfielen auf	in Prozent	
Privatpersonen	19,7	15,8
Unternehmen	12,3	15,6
Investmentfonds	2,0	3,9
Versicherungen	2,0	2,3
Öffentliche Haushalte	7,4	6,9
Organisationen ohne Erwerbscharakter	1,2	0,6
Ausländer	5,5	5,6
Eigenbestände der Kreditinstitute	7,3	7,5
Nicht aufgliederbarer Rest	42,6	41,8

Der Anteil der Privatpersonen an den Depotbeständen, der Ende 1971 noch rund ein Fünftel des Umlaufs an deutschen Aktien (ohne Versicherungswerte) betrug, ging bis Ende 1978 auf knapp 16 Prozent zurück. Bei den öffentlichen Haushalten und den Organisationen ohne Erwerbscharakter ist ebenfalls eine Verminderung eingetreten. Dagegen konnten die Unternehmen und die institutionellen Anleger, Investmentfonds und Versicherungen, ihre Anteile erhöhen. Bei den Ausländern und den Eigenbeständen der Kreditinstitute ergaben sich nur geringfügige Veränderungen.

Ende 1978 wurden bei den Kreditinstituten 6,4 Millionen Wertpapierdepots unterhalten, und zwar 6,3 Millionen von inländischen Privatpersonen. In den Depots der Privatpersonen wurden 13,1 Mrd DM an deutschen Aktien (ohne Versicherungswerte) zum Nominalwert verwaltet. Der Kurswert dürfte zu diesem Zeitpunkt rund 57 Mrd DM betragen haben.

Ferner wurden 78,4 Mrd DM an inländischen Schuldverschreibungen, 2,7 Mrd DM an DM-Schuldverschreibungen ausländischer Emittenten und 473 Mio Stück Investmentzertifikate der Fonds inländischer Kapitalanlagegesellschaften für Privatpersonen verwahrt. Eine Aufgliederung des Aktienbesitzes nach sozialen Gruppen ergibt folgendes Bild:

	Ende 1974	Ende 1978
	DM	
Selbständige	5 999	7 095
Unselbständige	1 529	1 565
Sonstige Privatpersonen	2 488	2 355
Privatpersonen insgesamt	2 282	2 241

Die Entwicklung des durchschnittlichen Depotbestandes verlief sehr unterschiedlich. Bei den Selbständigen ergab sich von 1974 bis 1978 eine Zunahme um 18 Prozent und bei den Unselbständigen um 2 Prozent. Bei den übrigen Privatpersonen – Pensionäre, Hausfrauen und Rentner – ging der Durchschnittsbestand um 5 Prozent zurück. Von den Aktien, die in den Depots der Privatpersonen verwaltet werden, gehören mehr als ein Viertel den Selbständigen, zwei Fünftel den Unselbständigen und ein Drittel den übrigen Privatpersonen.

Die Eigenbestände[18] der Kreditinstitute an deutschen Aktien beliefen sich Ende 1978 auf 7,1 Mrd DM. Während bei den Großbanken in den letzten Jahren eine kräftige Aufstockung erfolgte, ergaben sich bei den Regionalbanken, Landesbanken und Privatbankiers nur geringfügige Veränderungen. Ende 1978 war fast die Hälfte des Aktienbestandes der Kreditinstitute im Besitz der Großbanken. Auf die Regionalbanken (29 %), Landesbanken (9 %), Privatbankiers (7 %) und übrige Kreditinstitute (8 %) entfielen wesentlich geringere Anteile.

Die Bestände der Kreditinstitute, die an ausländischen Dividendenwerten gehalten werden, betrugen Ende 1978 insgesamt 406 Mio DM. Da sich die Umsätze an ausländischen Aktien an den deutschen Wertpapierbörsen in engeren Grenzen halten, wurden die Eigenbestände der Kreditinstitute dem Umsatzvolumen entsprechend angepaßt. Bei einer Aufgliederung des Bestandes an Auslandsaktien fällt auf, daß die Landesbanken einen verhältnismäßig hohen Anteil besitzen. Ende 1978 gehörte den Großbanken 42 Prozent, den Landesbanken 30 Prozent, den Regionalbanken 19 Prozent, den Privatbankiers 5 Prozent und den übrigen Kreditinstituten 4 Prozent der ausländischen Dividendenwerte.

b) Beteiligungsverhältnisse

In der langfristigen Entwicklung ergaben sich bei den einzelnen Aktionärsgruppen erhebliche Verschiebungen:

Die mit Abstand größte Aktionärsgruppe waren bis zum Beginn des Zweiten Weltkrieges die Privatpersonen, die bereits zu Beginn der Industrialisierungswelle durch die Zeichnung von Aktien einen wichtigen Beitrag für eine gesunde Eigenkapitalbasis dieser Unternehmen leisteten. Aber auch die Aktiengesellschaften selbst erwarben Aktienpakete anderer Unternehmen oder gründeten Tochtergesellschaften, die teilweise auch in der Rechtsform einer Aktiengesellschaft geführt wurden. Über die Beteiligungsverhältnisse wurde bis zum Jahre 1939 vom Statistischen Reichsamt jährlich berichtet. Aus den damaligen amtlichen Erhebungen[19] geht hervor, daß sich Ende 1936 rund 56 Prozent des gesamten Grundkapitals in Händen anderer Gesellschaften, der öffentlichen Hand und des Auslands befanden, während 44 Prozent auf den Privatbesitz entfielen. Die einzelnen Gruppen waren mit folgenden Quoten beteiligt:

Aktienemissionen und ihre Unterbringung

Beteiligungen an Aktiengesellschaften (Stand: 31. 12. 1936)

Grundkapital der Aktiengesellschaften insgesamt	19,2 Mrd DM
davon waren in Besitz von	Anteil in Prozent
Privatpersonen	44,1
Aktiengesellschaften	24,7
Öffentliche Hand	13,0
Personengesellschaften und Einzelfirmen	8,4
Ausland	6,6
Gesellschaften m. b. H.	3,2

Die Privatpersonen bildeten 1936 noch die größte Aktionärsgruppe, aber der Beteiligungsbesitz hatte bereits eine größere Bedeutung gewonnen. Ein Viertel der Aktien befand sich damals im Besitz von Aktiengesellschaften. Mehr als ein Zehntel des gesamten Grundkapitals war in Händen von Gesellschaften m. b. H. sowie von Personenfirmen. Der Anteil der öffentlichen Hand und des Auslands lag zu diesem Zeitpunkt bei 13,0 bzw. 6,6 Prozent. Mehr als die Hälfte der Beteiligungen des Auslandes konzentrierte sich auf nur drei Länder: die USA, die Niederlande und die Schweiz.

Nach dem Zweiten Weltkrieg wurden die jährlichen Erhebungen über die Beteiligungsverhältnisse von der amtlichen Statistik nicht wieder aufgenommen. Aus den gesamtwirtschaftlichen Finanzierungsrechnungen und den Depoterhebungen der Deutschen Bundesbank zeichnet sich jedoch deutlich ab, daß bei den Besitzverhältnissen ein grundlegender Wandel eingetreten ist. Das Gewicht der Privatpersonen, die noch in den fünfziger Jahren eine dominierende Rolle spielten, wurde immer geringer. Im Rahmen einer eigenen Untersuchung, bei der als Stichtag der 1. Januar 1976 zugrunde gelegt wurde, standen die Beteiligungsverhältnisse bei den Aktiengesellschaften der Industrie im Mittelpunkt der Auswertung. Unternehmen aus den Wirtschaftsbereichen Landwirtschaft, Handel, Verkehr, Kreditwirtschaft, Versicherungen und Dienstleistungen wurden nicht einbezogen. Von den zu diesem Zeitpunkt tätigen 2 189 Aktiengesellschaften, die insgesamt ein Grundkapital von 76,3 Mrd DM besaßen, gehörten 974 mit insgesamt 51,8 Mrd DM Grundkapital dem Industriebereich an. Im Rahmen unserer eigenen Untersuchung wurden 865 Gesellschaften (85 %) mit insgesamt 50,5 Mrd DM Grundkapital (98 %) erfaßt. Im Mittelpunkt der Auswertung stand die Frage, ob an einer Aktiengesellschaft eine Beteiligung von mindestens einem Viertel des Grundkapitals, also eine Schachtelbeteiligung, oder eine maßgebliche bzw. mehrheitliche Beteiligung vorhanden war. Als maßgebliche Beteiligung wurde der Anteil eines Aktionärs erfaßt, der zwar über keine Mehrheit, aber mindestens über einen Anteil von 40 Prozent des Grundkapitals verfügte und einen maßgeblichen Einfluß auf die Geschäftspolitik der Gesellschaft ausübte. Die mehrheitlichen Beteiligungen wurden mit den maßgeblichen Anteilen zusammengefaßt. Unternehmen, bei denen sowohl eine maßgebliche als auch eine Schachtelbetei-

Beteiligungsverhältnisse

ligung bestand, wurden nur einmal als Gesellschaft mit einem maßgeblichen Aktionär ausgewiesen. Gesellschaften der Zuckerindustrie, deren Grundkapital durchweg aus vinkulierten Aktien besteht, wurden nicht einbezogen. Grundlage der Auswertungen bildeten die im Bundesanzeiger veröffentlichten Mitteilungen der Gesellschaften gemäß § 20 AktG, die Geschäftsberichte der Unternehmen sowie die Veröffentlichung der Commerzbank „Wer gehört zu wem".

Die Auswertungen führten zu dem Ergebnis, daß bei 768 der erfaßten Gesellschaften (89 %) mit insgesamt 35,7 Mrd DM Grundkapital (71 %) eine maßgebliche Beteiligung durch einen Aktionär und bei 73 Gesellschaften (8 %) eine Schachtelbeteiligung bestand. Weitere 11 Gesellschaften (1 %) mit breiter Streuung der Aktien besaßen ein Grundkapital von insgesamt 10,9 Mrd DM (22 %). Von 13 Gesellschaften mit insgesamt 0,1 Mrd DM Nominalkapital ließen sich keine näheren Angaben über die Zusammensetzung des Kreises der Aktionäre ermitteln.

Beteiligungen an Industrie-Aktiengesellschaften (Stand: 1. Januar 1976)

	Anzahl	Grundkapital Mrd DM
Erfaßte Gesellschaften	865	50,5
davon Gesellschaften mit	Anteil in Prozent	
breiter Grundkapitalstreuung	1,3	21,5
einem Aktionär mit Schachtelbeteiligung	8,4	7,5
einem maßgeblichen Aktionär	88,8	70,7
darunter Aktionäre aus den Bereichen		
Öffentliche Hand	15,7	26,9
Ausland	12,5	19,1
Unternehmen des gleichen Industriezweiges	14,2	7,8
Beteiligungsgesellschaften	7,3	5,8
Unternehmen anderer Wirtschaftszweige	6,4	5,3
Familien oder Einzelpersonen	26,2	4,5
Kreditinstitute	6,5	1,3
unbekanntem Aktionärskreis	1,5	0,3

Unter den Gesellschaften mit einem maßgeblichen Aktionär besaßen jene Unternehmen ein besonderes Gewicht, bei denen die öffentliche Hand beteiligt ist. Gemessen am Grundkapital entfiel mehr als ein Viertel auf 136 Gesellschaften, bei denen der Bund, die Länder, die Gemeinden oder andere öffentlich-rechtliche Körperschaften einen maßgeblichen Einfluß ausüben. Das Gewicht der öffentlichen Hand als maßgeblicher Aktionär hat sich seit der Vorkriegszeit verdoppelt. Die durchschnittliche Grundkapitalausstattung dieser Gesellschaften lag mit 110 Mio DM etwa doppelt so hoch als im Durchschnitt aller erfaßten Unternehmen. Von den Gesellschaften, die von der öffentlichen Hand kontrolliert werden, gehörten – gemessen am Grundkapital – zwei Drittel zum Bereich der Energiewirtschaft und ein Drittel zum Verkehrsbereich sowie 10 weiteren Wirtschaftszweigen. Die öffentliche Hand besitzt weitgehend Mehrheitsbeteiligungen und nur in geringem Umfang Schachtelbeteiligungen.

Knapp ein Fünftel des Grundkapitals entfiel auf Gesellschaften, an denen Ausländer maßgeblich beteiligt waren. Mehr als die Hälfte des Nominalkapitals dieser Unternehmen betraf die Bereiche Mineralölwirtschaft und Fahrzeugindustrie. Das durchschnittliche Grundkapital der Gesellschaften mit maßgeblichen ausländischen Aktionären betrug 89 Mio. DM. Der Anteil der Aktien, die sich im Auslandsbesitz befanden, lag etwa dreimal so hoch als vor dem Kriege. Diese Entwicklung ist aber nicht allein darauf zurückzuführen, daß sich Ausländer nach dem Kriege stärker in der Bundesrepublik engagierten. Die Gewichtsverlagerung ergab sich auch dadurch, daß Unternehmen, in denen Ausländer bereits vor dem Kriege einen maßgeblichen Einfluß ausübten, wie beispielsweise in den Bereichen Mineralölwirtschaft und Fahrzeugindustrie, zu den ausgesprochenen Wachstumsbranchen gehörten und besonders stark expandierten. So erhöhte sich der Anteil dieser beiden Wirtschaftszweige am Grundkapital aller Aktiengesellschaften innerhalb der letzten dreißig Jahre von 7 Prozent (1958) auf mehr als 12 Prozent (1978).

Nicht ganz ein Fünftel des Grundkapitals betraf Gesellschaften, bei denen Unternehmen aus dem gleichen Industriezweig, Beteiligungsgesellschaften oder Unternehmen aus anderen Wirtschaftszweigen beteiligt waren. Bei diesen 241 Gesellschaften betrug die durchschnittliche Nominalkapitalausstattung 39 Mio DM.

Familiengruppen und Einzelpersonen besaßen an 227 Unternehmen, das sind ein Viertel aller erfaßten Industrie-Aktiengesellschaften, eine maßgebliche Beteiligung. Mehr als die Hälfte dieser Gesellschaften gehörten zu den Wirtschaftsbereichen Maschinenbau, Textil- und Bekleidungsgewerbe, Brauereien sowie Holz-, Papier- und Druckindustrie. Zwar ist das zahlenmäßige Gewicht dieser Gruppe beachtlich, aber der Anteil am gesamten Grundkapital der erfaßten Industrie-Aktiengesellschaften betrug nur 4,5 Prozent. Familiengruppen und Einzelpersonen sind durchweg an Gesellschaften maßgeblich beteiligt, die weniger kapitalintensiv, also mit einer verhältnismäßig geringen Nominalkapitalausstattung arbeiten. Während das durchschnittliche Grundkapital bei allen erfaßten Aktiengesellschaften 58 Mio DM betrug, erreichte es bei Gesellschaften mit maßgeblicher Beteiligung von Familien oder Einzelpersonen nur 10 Mio DM. Bei weiteren 12 Gesellschaften mit insgesamt 0,2 Mrd DM Grundkapital verfügten Familiengruppen oder Einzelpersonen über eine Schachtelbeteiligung.

Die maßgeblichen Beteiligungen der Kreditinstitute halten sich durchaus noch in engeren Grenzen. Sie sind jedenfalls nicht so umfangreich, wie die wirtschaftspolitischen Diskussionen es vermuten lassen, wo oftmals Einzelfälle für Verallgemeinerungen herangezogen werden. Es wurden 56 Beteiligungen festgestellt, auf die nur 1,3 Prozent des Grundkapitals aller erfaßten Industrie-Aktiengesellschaften entfielen. Von diesen Beteiligungen bezogen sich 24 auf ein Engagement bei Brauereien. Die übrigen 32 Beteiligungen erstreckten sich auf Unternehmen, die weiteren 16 Industriezweigen zuzurechnen sind. Außer dem Schwerpunkt Brauereien liegt also eine breite Streuung vor. Das durchschnittliche Grundkapital der Gesellschaften mit maßgeblicher Beteiligung durch Kreditinstitute belief sich auf 12 Mio DM. Es lag damit erheblich niedriger als im Gesamtdurchschnitt und erreichte fast die niedrige Nominalkapitalausstattung jener Unternehmen, an denen Familiengruppen oder Einzelpersonen beteiligt waren. An weiteren 29 Gesellschaften mit insgesamt 2,0 Mrd DM Grundkapital hielten Kreditinstitute eine Schachtelbeteiligung. Werden die maßgeblichen sowie die Schachtelbeteiligungen zusammengefaßt, so ergibt sich erst eine Quote von 5,3 Prozent am Grundkapital aller erfaßten Industrie-Aktiengesellschaften. Den Beteiligungen der Kreditinstitute an Industrie-Aktiengesellschaften ist, vor allem im Vergleich zu anderen Aktionärsgruppen, kein herausragendes Gewicht beizumessen. Nach Abschluß der Auswertung zum Stichtag 1. Januar 1976 trennten sich verschiedene Kreditinstitute von ihren bisherigen Industrie-Beteiligungen. Dieser Trend dürfte sich auch künftig noch weiter fortsetzen.

Von besonderer Bedeutung für die Geschäftstätigkeit an den Wertpapierbörsen der Bundesrepublik sind jene elf großen Gesellschaften, deren Grundkapital breit gestreut ist und bei denen weder ein maßgeblicher Aktionär noch eine Schachtelbeteiligung vorhanden ist. Auf diese Unternehmen entfiel mehr als ein Fünftel des Grundkapitals aller erfaßten Industrie-Aktiengesellschaften. Die Aktien dieser großen Unternehmen waren nicht nur an den deutschen Wertpapierbörsen, sondern auch an zahlreichen Auslandsbörsen eingeführt. Selbstverständlich darf in diesem Zusammenhang nicht übersehen werden, daß auch bei jenen Unternehmen, die einen maßgeblichen oder einen Schachtelaktionär besitzen, sich Gesellschaften befinden, deren übriges Grundkapital ebenfalls breit gestreut ist und deren Aktien teilweise lebhaft an den Wertpapierbörsen gehandelt werden. Daher ist es aufschlußreich, die Auswertungen nach börsennotierten und übrigen Aktiengesellschaften aufzugliedern.

Von den zu Beginn des Jahres 1976 in die Handelsregister eingetragenen Industrie-Aktiengesellschaften waren die Aktien von 356 Unternehmen mit insgesamt 31,9 Mrd DM Grundkapital an einer deutschen Wertpapierbörse zum amtlichen Handel oder geregelten Freiverkehr zugelassen. Von diesen Gesellschaften wurden 351 (99 %) mit insgesamt 31,7 Mrd DM Grundkapital (99 %) in die Auswertung einbezogen. Von den übrigen 514 Gesellschaften mit insgesamt 18,8 Mrd DM Grundkapital wurden die Aktien nicht an einer Wertpapierbörse notiert.

Bei einer Aufgliederung nach börsennotierten und übrigen Gesellschaften werden einige bedeutsame Unterschiede erkennbar. So betrug beispielsweise das durchschnittliche Grundkapital bei den börsennotierten Gesellschaften 90 Mio DM, gegenüber 36 Mio DM bei den übrigen Unternehmen. Bei den erfaßten Börsengesellschaften war aber nicht nur die Grundkapitalausstattung, sondern auch die Dotierung der offenen Rücklagen höher. Bei den Börsengesellschaften ergab sich zwischen dem Grundkapital und den offenen Rücklagen ein Verhältnis von 100 : 111. Bei den übrigen Gesellschaften belief sich diese Relation nur auf 100 : 40.

Für die einzelnen Aktionärsgruppen wurden folgende Anteile am Grundkapital der erfaßten Industrie-Aktiengesellschaften ermittelt:

Börsennotierte und übrige Industrie-Aktiengesellschaften (Stand: 1. Januar 1976)

	Grundkapital Mrd DM	
351 börsennotierte Gesellschaften	31,7	
514 übrige Gesellschaften	18,8	
865 Gesellschaften	50,5	

davon Gesellschaften mit	börsen-notiert	nicht börsen-notiert
	Anteil in Prozent	
breiter Grundkapitalstreuung	21,5	–
Aktionär mit Schachtelbeteiligung	5,3	2,1
maßgeblichem Aktionär	36,0	34,8
darunter Aktionäre aus den Bereichen		
Öffentliche Hand	14,7	12,2
Ausland	7,1	12,0
Unternehmen des gleichen Industriezweiges	3,3	4,5
Beteiligungsgesellschaften	5,2	0,6
Unternehmen anderer Wirtschaftszweige	3,1	2,2
Familien oder Einzelpersonen	1,5	3,1
Kreditinstitute	1,1	0,2
unbekanntem Aktionärskreis	–	0,3

Die Unternehmen mit breiter Streuung des Grundkapitals, also ohne einen maßgeblichen oder Schachtelaktionär, gehörten ausschließlich zu den börsennotierten Gesellschaften. Von den Gesellschaften, bei denen eine Schachtelbeteiligung bestand, wurden die Aktien überwiegend an einer Wertpapierbörse notiert. Von den Unternehmen mit einem maßgeblichen Aktionär entfielen – gemessen am Nominalkapital – jeweils die Hälfte auf börsennotierte sowie auf übrige Gesellschaften.

Bei den Gesellschaften mit einem maßgeblichen Aktionär ergab sich bei einer weiteren Aufschlüsselung ein differenziertes Bild. Bei Unternehmen, die durch die öffentliche Hand kontrolliert wurden, waren in 27 Fällen die Aktien an einer Wertpapierbörse eingeführt, während in weiteren 109 Fällen keine Börsennotierung bestand. Die 27 börsennotierten Gesellschaften besaßen mit 275 Mio DM eine besonders hohe durchschnittliche Grundkapitalausstattung. Von Gesellschaften, bei denen ausländische Aktionäre, Unternehmen des gleichen Wirtschaftszweiges sowie Familien oder Einzelpersonen maßgeblich beteiligt waren, lag das Schwergewicht bei den nicht börsennotierten Unternehmen. Dagegen gehörten Unternehmen, an denen Beteiligungsgesellschaften, Unternehmen anderer Wirtschaftszweige und Kreditinstitute maßgebliche Beteiligungen besaßen, überwiegend zu den börsennotierten Gesellschaften.

5. Jahresabschlüsse

a) Bilanzstruktur

In der Struktur der Bilanzen[20] vollzogen sich in der langfristigen Entwicklung einige bemerkenswerte Veränderungen. Diese Verschiebungen betreffen weniger den Vermögensaufbau, wie den Anteil des Anlage- und Umlaufvermögens an der Bilanzsumme, sondern vor allem die Finanzierung des Vermögens, die Kapitalzusammensetzung. Der Anteil des Anlage- und Umlaufvermögens an der Bilanzsumme läßt zwar Schwankungen erkennen, die sich aber, wird von den extremen Verhältnissen unmittelbar nach der Währungsreform im Jahre 1948 abgesehen, in engeren Grenzen hielten. Bei einer Zusammenfassung aller Aktiengesellschaften ohne Kreditinstitute und Versicherungen zeigt sich, daß dem Anlagevermögen stets ein größeres Gewicht als dem Umlaufvermögen beizumessen ist.

In der Zusammensetzung des **Anlagevermögens** ergaben sich jedoch Verschiebungen zwischen den Sach- und den Finanzanlagen. Die Finanzanlagen, die weitgehend aus Beteiligungen bestehen, hatten bis zum Zweiten Weltkrieg einen Anteil von weniger als 10 Prozent der Bilanzsumme. Von 1948 bis 1960 verminderte sich dieser Anteil im Durchschnitt aller Gesellschafter von 8,9 auf 7,5 Prozent. In den sechziger und siebziger Jahren nahm das Gewicht der Finanzanlagen ständig zu. Gegenwärtig entfallen mehr als ein Siebentel der Bilanzsumme auf diesen Anlageposten. Diese Entwicklung ist weitgehend auf die Gründung von Tochtergesellschaften und dem Erwerb von Beteiligungen zurückzuführen, die in den letzten Jahren eine immer größere Bedeutung gewannen. So verfügt ein großer Teil der deutschen Aktiengesellschaften nunmehr über maßgebliche Beteiligungen im Ausland. Während in früheren Jahren das Schwergewicht der Gründungen von Tochtergesellschaften sowie der Erwerb von Beteiligungen in den westeuropäischen Nachbarstaaten lag, gewann in jüngster Zeit der nordamerikanische Markt für deutsche Unternehmen an Bedeutung.

Die Zusammensetzung des **Umlaufvermögens** läßt langfristig eine deutliche Abhängigkeit von der allgemeinen wirtschaftlichen Lage erkennen. In Krisenzeiten, vor allem in den schwierigen Jahren der Weltwirtschaftskrise von 1930 bis 1934, ging das Umlaufvermögen bis auf ein Drittel der Bilanzsumme zurück, da vor allem die Vorräte stark abgebaut wurden. Damals erreichten die Vorräte noch nicht einmal ein Zehntel, zu Beginn der fünfziger Jahre dagegen ein Fünftel der Bilanzsumme. Unter Zugrundelegung des Durchschnitts der letzten zehn Jahre entfielen vom Bilanzvolumen 15 bis 18 Prozent auf die Vorräte, 18 bis 20 Prozent auf die Forderungen und 6 bis 7 Prozent auf flüssige Mittel.

Vermögens- und Kapitalaufbau (in Prozent der Bilanzsumme)

Jahr	Anlagevermögen			Umlauf-vermögen	Eigen-kapital	Fremd-kapital
	insgesamt	Sachanlagen	Finanzanlagen			
1913	–	–	–	–	51,2	44,0
1928	56,5	45,1	11,4	43,1	52,9	43,0
1938	51,8	40,8	11,0	48,0	47,1	48,1
1948	69,6	60,7	8,9	29,6	81,6	17,6
1950	54,4	46,2	8,2	44,1	55,7	42,5
1960	54,9	42,9	7,5	44,3	38,2	58,6
1970	55,9	42,9	13,0	43,4	34,2	63,4
1975	52,3	38,6	13,7	46,6	31,7	66,7

Bei der Finanzierungsseite, dem Kapitalaufbau der Gesellschaften, ergaben sich in der langfristigen Entwicklung größere Veränderungen. Der Anteil des **Eigenkapitals** – also des Grundkapitals, der offenen Rücklagen und der Posten mit Rücklagenanteil – belief sich sowohl vor dem Ersten Weltkrieg als auch in den Jahren bis 1936 auf mehr als die Hälfte der Bilanzsumme. In den Jahren 1937 bis 1939 ging der Anteil der eigenen Mittel an der Bilanzsumme geringfügig unter die Hälfte zurück.

Ein tiefgreifender Einschnitt erfolgte durch die Währungsreform vom 20. Juni 1948 und die damit verbundene Umstellung des Grundkapitals von Reichsmark auf Deutsche Mark. Die Aktiengesellschaften, die im Bundesgebiet tätig sind, stellten unter Zugrundelegung der bis zum 31. Dezember 1951 durchgeführten Umstellungen ihr Grundkapital im Gesamtdurchschnitt im Verhältnis 10 : 8,2 um. Bei rund einem Drittel der Gesellschaften erfolgte eine Kapitalherabsetzung im Verhältnis 10 : 5,3. Auf diese Unternehmen entfiel allerdings die Hälfte des Grundkapitals aller Gesellschaften. Die Hälfte der Unternehmen führte das bisherige Grundkapital im gleichen Verhältnis weiter, nahm also eine Umstellung im Verhältnis 10 : 10 vor. Rund ein Sechstel der Gesellschaften, auf die jedoch nur 7 Prozent des bisherigen Reichsmark-Kapitals entfielen, setzten das Grundkapital im Verhältnis 10 : 14,6 herauf. Die Neuermittlungen bzw. Neubewertungen der Abschlußposten führte in den DM-Eröffnungsbilanzen zu einem extrem hohen Anteil des Eigenkapitals an der Bilanzsumme. Mehr als vier Fünftel des Bilanzvolumens entfielen bei den DM-Eröffnungsbilanzen auf eigene Mittel. Insgesamt gesehen erfuhr das Bilanzvolumen jedoch eine starke Schrumpfung, da sowohl die Forderungen als auch die Verbindlichkeiten abgewertet wurden.

Nach der Währungsreform, mit dem Einsetzen des wirtschaftlichen Wiederaufbaus, blieb die Eigenkapitalquote der Gesellschaften einer ständigen rückläufigen Entwicklung ausgesetzt. 1951 ging der Anteil der eigenen Mittel an der Bilanzsumme auf weniger als 50 Prozent zurück, 1962 verminderte er sich auf weniger als 40 Prozent. In den Geschäftsjahren 1977 und 1978 erreichte die Eigenkapitalquote nicht einmal 30 Prozent des Bilanzvolumens. Die Abschlüsse der Industrie-Aktiengesellschaften ließen zwar erstmals eine leichte Zunahme der Eigenkapitalquote auf rund 29 Prozent erkennen. Ob es sich hierbei um eine Art „Trendwende" handelt, werden die Ergebnisse der künftigen Geschäftsjahre zeigen. Wer den Ursachen der bisherigen Entwicklung auf den Grund geht, stößt allerdings auf Faktoren, mit deren Beseitigung in naher Zukunft nicht zu rechnen sein dürfte. Für den ständigen Rückgang der Eigenkapitalquote lassen sich nämlich in erster Linie drei Gründe nennen:

1. Die hohe steuerliche Belastung der Aktiengesellschaften begünstigt die Fremdfinanzierung und benachteiligt die Eigenfinanzierung.
2. Die Ertragslage der Gesellschaften, die später bei den Erörterungen der Erfolgsrechnungen eingehend analysiert wird, erfuhr im Laufe der Zeit eine nachhaltige Verschlechterung.
3. Der „monetäre Überbau" in den Bilanzen, wie es die Deutsche Bundesbank nennt, ist stark gewachsen. Mit diesem Hinweis soll zum Ausdruck gebracht werden, daß die Forderungen und Verpflichtungen der Gesellschaften stärker zunahmen als ihre Sachvermögen an Anlagen und Vorräten. In den Bilanzen findet also eine gewisse inflationäre Aufblähung einen Niederschlag.

Nicht nur in der Höhe sondern auch in der Zusammensetzung der Eigenkapitalquote traten Verschiebungen ein. Sowohl vor dem Ersten als auch vor dem Zweiten Weltkrieg lag der Anteil des Grundkapitals an der Bilanzsumme durchweg zwischen 40 und 50 Prozent, während auf die offenen Rücklagen 6 bis 10 Prozent entfielen. Nach dem Zweiten Weltkrieg gewann die Dotierung der offenen Reserven eine größere Bedeutung. In den letzten zwanzig Jahren entfielen – gemessen an der Bilanzsumme – stets 15 bis 17 Prozent des Bilanzvolumens auf die offenen Rücklagen. Dagegen ging der Anteil des Grundkapitals von Jahr zu Jahr immer weiter zurück. Gegenwärtig erreicht das Nominalkapital nicht einmal mehr 15 Prozent der Bilanzsumme.

Bei den an der Bilanzsumme gemessenen Verhältniszahlen handelt es sich – darauf sei ausdrücklich hingewiesen – um Durchschnittswerte aller Aktiengesellschaften. Bei einer Aufgliederung der Gesellschaften nach einzelnen Wirtschaftszweigen zeigen sich beträchtliche Abweichungen von diesen Sätzen und innerhalb eines Wirtschaftszweiges treten wiederum Abweichungen von Gesellschaft zu Gesellschaft auf. In diesem Zusammenhang ist es von besonderem Interesse, die Aktiengesellschaften nach Publikumsgesellschaften, übrigen Bör-

Jahresabschlüsse

sengesellschaften und Nichtbörsengesellschaften zu unterteilen. Bei einer solchen Aufgliederung werden erhebliche Unterschiede in der Kapitalstruktur erkennbar.

Die eigenen Untersuchungen, die zur Darstellung des Kapitalaufbaus der Gesellschaften herangezogen wurden, basieren auf die im Bundesanzeiger veröffentlichten Jahresabschlüsse für die Geschäftsjahre 1975, 1976 und 1977. In allen drei Geschäftsjahren wurde ein so großer Kreis an Gesellschaften (ohne Kreditinstitute und Versicherungen) erfaßt, daß, gemessen am Grundkapital, mehr als neun Zehntel der Unternehmen einbezogen wurden. Da die Ergebnisse in den drei Geschäftsjahren nur geringfügig voneinander abweichen, beschränken sich die Darstellungen und Erläuterungen auf die Ergebnisse des Geschäftsjahres 1977.

Zwischen den Publikumsgesellschaften, übrigen Börsengesellschaften und Nichtbörsengesellschaften ergeben sich bereits beim Bilanzvolumen beträchtliche Unterschiede. Im Durchschnitt ergab sich je Gesellschaft folgende Größenordnung der Bilanzsumme: Publikumsgesellschaften 3,3 Mrd DM, übrige Börsengesellschaften 211 Mio DM und Nichtbörsengesellschaften 225 Mio DM. Den höchsten Anteil an Eigenkapital besaßen die Publikumsgesellschaften (31 %). Es folgen die übrigen Börsengesellschaften (27 %) vor den Nichtbörsengesellschaften (25 %). Die Publikumsgesellschaften verfügen vor allen Dingen über die günstigste Relation in der Dotierung der offenen Rücklagen, einschließlich der Sonderposten mit Rücklagenanteil. Auf jeweils 100 DM Nominalkapital sind an offenen Reserven hinzuzurechnen: Bei den Publikumsgesellschaften 127 DM, bei den übrigen Börsengesellschaften 82 DM und bei den Nichtbörsengesellschaften 66 DM. Eine weitere Aufgliederung der Ergebnisse nach Größenklassen der Bilanzsumme führt darüber hinaus zu der Feststellung, daß mit einer steigenden Bilanzsumme der Anteil der Eigenmittel zurückgeht. Bei der Geschäftsausweitung bzw. bei einem Hineinwachsen in höhere Größenordnungen der Bilanzsumme hält die Ausstattung der Gesellschaften mit eigenen Finanzmitteln durchweg nicht Schritt.

Anteil des Eigenkapitals an der Bilanzsumme (1 166 Gesellschaften, Geschäftsjahr 1977)

	Größenklasse der Bilanzsumme		
	Bis unter 100 Mio DM	100 Mio bis 1 Mrd DM	Über 1 Mrd DM
	in Prozent		
Publikumsgesellschaften	–	43,4	30,0
Übrige Börsengesellschaften	40,1	26,1	24,5
Nichtbörsengesellschaften	34,0	26,4	23,4

In allen drei Gruppen nimmt mit steigender Bilanzsumme der Anteil der eigenen Mittel deutlich ab. Die Publikumsgesellschaften mit einer Bilanzsumme von mehr als 1 Mrd DM besitzen mit einem Eigenkapitalanteil von 30 Prozent eine günstigere Eigenkapitalbasis als die übrigen Börsengesellschaften und die Nichtbörsengesellschaften. In der Größenklasse 100 Mio bis 1 Mrd DM besitzen die Publikumsgesellschaften sogar noch eine Eigenkapitalbasis von mehr als zwei Fünftel der Bilanzsumme.

Im Gesamtdurchschnitt aller erfaßten Aktiengesellschaften belief sich der Eigenkapitalanteil auf 27,2 Prozent der Bilanzsumme. Damit trat gegenüber dem vorgehenden Geschäftsjahr eine leichte Verbesserung der Relation um 0,7 Punkte ein. Die Gesellschaften unternahmen gerade in jüngster Zeit erhebliche Anstrengungen, um ihre Bilanzen zu konsolidieren. Wenn dieser Weg weiter beschritten werden soll, müßte sich allerdings die Ertragslage nachhaltig verbessern, und die Steuergesetzgebung[21] dürfte der Bildung von Eigenkapital nicht mehr so hindernd im Wege stehen, wie das bisher der Fall ist. Aber weder bei der Ertragslage noch bei der Steuergesetzgebung zeichnen sich für die nächste Zukunft wesentliche Änderungen ab. Daher werden wir mit einer grundlegenden Verbesserung der Eigenkapitalausstattung der Gesellschaften, die sich wieder den günstigeren Relationen der Vorkriegszeit nähert, vorerst nicht rechnen können. Hier ist aber zweifellos ein Gefahrenherd vorhanden, der vor allem in Krisenzeiten nachteilig in Erscheinung treten könnte. Eine der Hauptursachen für Insolvenzen liegt, wie Untersuchungen immer wieder bestätigt haben, in einer unzureichenden Eigenkapitalbasis der Unternehmen.

Die Veränderungen in der Ausstattung mit eigenen Finanzierungsmitteln führte zwangsläufig auch zu grundlegenden Verschiebungen in der Struktur des **Fremdkapitals.** Vor den beiden Weltkriegen und auch noch zu Beginn der fünfziger Jahre lag das Schwergewicht des Fremdkapitals bei den kurzfristigen Mitteln. Im allgemeinen galt bei Fremdmitteln damals die Relation, daß ein Drittel auf langfristige und zwei Drittel auf kurzfristige Schulden entfielen. Seit Mitte der fünfziger Jahre gewannen jedoch die langfristigen Finanzierungsmittel, vor allem Bankkredite und Schuldscheindarlehen, als Ersatz für fehlende Eigenmittel eine immer größere Bedeutung. In den letzten zwanzig Jahren, also seit dem Absinken der Eigenkapitalquote unter 40 Prozent der Bilanzsumme, entfällt knapp die Hälfte der fremden Mittel auf langfristige Verpflichtungen und etwas mehr als die Hälfte auf kurzfristige Verbindlichkeiten. Unter den langfristigen Schulden gewannen die Pensionsrückstellungen sowie die Sozialverbindlichkeiten ein erhebliches Gewicht. Gegenwärtig entfallen rund 11 Prozent des Bilanzvolumens auf diese beiden Posten.

In der Finanzierung des Anlagevermögens durch langfristige Mittel ist seit Jahrzehnten keine nennenswerte Änderung eingetreten. Das gesamte Anlagevermögen der Gesellschaften war stets zwischen 110 bis 125 Prozent durch das Eigenkapital sowie durch langfristige Finanzierungsmittel gedeckt. Hierbei handelt es sich um einen Durchschnittssatz, von dem sowohl in manchen Wirtschaftszweigen als auch in zahlreichen Unternehmen abgewichen wird.

Jahresabschlüsse

b) Bilanzposten mit Vermerken

Im Interesse der Aktionäre an einer möglichst eingehenden Unterrichtung über die wirtschaftliche Entwicklung der Gesellschaften sind durch das Aktiengesetz von 1965 erhöhte Anforderungen an die Rechnungslegung gestellt worden. Nachdem bereits über die Kapitalerhöhung aus Gesellschaftsmitteln und über die Gewinn- und Verlustrechnung wichtige Ergänzungen 1959 in das Aktiengesetz aufgenommen wurden, führten die aktienrechtlichen Vorschriften des Jahres 1965 zu einer weiteren Aufgliederung der Bilanzen. Die erweiterte Aufgliederung soll vor allem einen besseren Einblick in die Liquidität der Gesellschaften ermöglichen. Zu den Neuerungen in der Rechnungslegung ist auch die Einführung von Vermerken zu bestimmten Forderungen und Verbindlichkeiten zu rechnen. Nachdem ab Geschäftsjahr 1967 die Jahresabschlüsse aufgrund der erweiterten Rechnungslegungsvorschriften bekannt gemacht und zusammengefaßte Übersichten veröffentlicht werden, kann nunmehr für einen längeren Zeitabschnitt untersucht werden, welche Tendenzen aus den Vermerken zu den einzelnen Bilanzposten zu erkennen sind. Die Vermerke zu den Bilanzposten, die in diesem Zusammenhang ausgewertet wurden, betreffen die Form der Besicherung, die Laufzeit und den Liquiditätsgrad bestimmter Forderungen und Verbindlichkeiten.

aa) Ausleihungen mit einer Laufzeit von mindestens vier Jahren

Maßgebend für die Zuordnung zu den Finanzanlagen ist bei den Ausleihungen mit einer Laufzeit von mindestens vier Jahren die vertraglich vereinbarte Laufzeit, nicht dagegen die Restlaufzeit. Diese langfristige Anlage verliert also auch nicht in den letzten Jahren ihrer Laufzeit das Merkmal der Langfristigkeit. Die Besicherung dieser Finanzanlage ist in der Bilanz besonders zu vermerken.

Dieser neu in das aktienrechtliche Gliederungsschema aufgenommene Bilanzposten gewährt einen Einblick in die langfristige Kreditgewährung der Gesellschaften. Wegen einer besseren Vergleichsmöglichkeit wurden in der folgenden Übersicht nur Aktiengesellschaften der Industrie einbezogen.

Jahr	Ausleihungen insgesamt Mrd DM	davon durch Grundpfandrechte gesichert %	Anteil der Ausleihungen an der Bilanzsumme %
1967	1,8	48,8	1,0
1970	2,9	35,3	1,4
1973	3,2	36,0	1,2
1976	3,8	26,2	1,0
1977	3,5	29,6	0,8

Die langfristigen Ausleihungen der Industrie-Aktiengesellschaften erfuhren zwischen 1967 und 1970, gemessen am Bilanzvolumen, eine Zunahme. In den folgenden Jahren erhöhte sich zwar der absolute Ausleihungsbetrag, aber der Anteil der langfristig gewährten Kredite ist seit dem Geschäftsjahr 1971 rückläufig, da das Bilanzvolumen stärker expandierte. Im Geschäftsjahr 1977 war der Anteil der langfristig gewährten Kredite, gemessen an der Bilanzsumme, niedriger als im Geschäftsjahr 1967. Während in den sechziger Jahren die langfristigen Ausleihungen noch fast zur Hälfte durch Grundpfandrechte gesichert waren, ging dieser Anteil in den Jahren 1976 und 1977 auf weniger als 30 Prozent zurück.

Rund zwei Drittel der langfristigen Kredite, die von den Industrie-Aktiengesellschaften gewährt wurden, stammten von nur sechs Wirtschaftsgruppen: Steinkohlenbergbau (29 %), Energiewirtschaft (18 %), Chemische Industrie (10 %) sowie Eisen- und Stahlindustrie (6 %). Gemessen an der Bilanzsumme erreichten die langfristigen Ausleihungen das größte Gewicht bei den Brauereien (7 %), dem Steinkohlenbergbau (7 %) und dem Schiffbau (4 %). Bei allen übrigen Wirtschaftszweigen wurde ein Anteil von einem Prozent an der Bilanzsumme nicht überschritten. Die Einräumung von langfristigen Krediten besitzt, wie diese Daten erkennen lassen, nur in wenigen Bereichen eine etwas größere Bedeutung.

bb) Forderungen aus Lieferungen und Leistungen

Einem besseren Einblick in die Liquidität der Gesellschaften dient der Vermerk über die Restlaufzeit von mehr als einem Jahr aufgrund von Forderungen aus Lieferungen und Leistungen. Für diesen Vermerk ist nicht die ursprünglich vereinbarte Laufzeit maßgebend, sondern die Restlaufzeit, die noch am Bilanzstichtag bestand.

Die Einräumung eines Lieferantenkredits[22], die sich in diesem Bilanzposten niederschlägt, gewann für die Industrie-Aktiengesellschaften mehr und mehr an Bedeutung. Vielfach bilden die Zahlungsziele und die eingeräumten Kreditkonditionen bei der Hereinnahme eines Verkaufsauftrages ein wichtiges Kriterium. Aus diesem Grunde nimmt bei der Industrie auch die Notwendigkeit zu, selbst als Kreditgeber auftreten zu müssen. Das Verhältnis der Außenstände zum Umsatz liegt jedoch durchweg in einem durchaus vertretbaren Rahmen. Im langfristigen Durchschnitt beliefen sich die Forderungen aus Lieferungen und Leistungen auf rund ein Zehntel des Umsatzes bzw. knapp ein Achtel der Bilanzsumme.

Bei einer Aufgliederung der Ergebnisse nach den einzelnen Wirtschaftszweigen werden erhebliche Unterschiede erkennbar. In den konsumnahen Bereichen ist im allgemeinen ein höherer Anteil der Außenstände festzustellen als in den Bereichen der Investitions- und Produktionsgüterindustrie. Gemessen am Jahresumsatz erreichte der Anteil der Kredite, den die Lieferanten ihren Abnehmern gewährten, im Geschäftsjahr 1977 in der Bauindustrie 19 Prozent, im Maschinenbau 18 Prozent und in der Elektroindustrie 16 Prozent. Diese drei Wirtschaftsgruppen lagen damit erheblich über dem Gesamtdurchschnitt der Industrie-Aktiengesellschaften, der 9 Prozent betrug. Über die Größenordnung und die Restlaufzeit der Außenstände vermittelt die folgende Aufstellung nähere Einblicke.

Forderungen der Industrie- Aktiengesellschaften aus Lieferungen und Leistungen

		Außenstände Mrd DM	davon mit einer Restlaufzeit von mehr als 1 Jahr %	Anteil der Außenstände am Umsatz %
Elektrotechnik	1967	2,9	18,4	5,4
	1972	4,5	17,6	17,8
	1977	6,2	16,4	14,4
Maschinenbau	1967	2,1	18,1	14,4
	1972	3,6	21,4	19,2
	1977	4,2	18,1	12,0
Bauindustrie	1967	1,1	26,3	5,9
	1972	1,6	23,0	3,1
	1977	1,9	18,8	2,8
Fahrzeugindustrie	1967	0,8	3,6	6,4
	1972	1,3	3,2	1,6
	1977	2,4	3,2	2,4
Übrige Bereiche	1967	12,4	10,1	3,4
	1972	19,3	11,4	4,0
	1977	25,0	8,9	2,0
Insgesamt	1967	19,2	11,0	5,2
	1972	30,3	11,7	7,7
	1977	39,7	9,3	5,0

Von den gesamten Außenständen der Industrie-Aktiengesellschaften entfielen mehr als ein Drittel auf die vier Wirtschaftszweige Elektroindustrie, Maschinenbau, Bauindustrie und Fahrzeugbau. Von den Forderungen aus Lieferungen und Leistungen, die noch eine Restlaufzeit von mehr als ein Jahr besaßen, entfielen mehr als zwei Drittel auf die beiden Wirtschaftszweige Elektroindustrie und Maschinenbau.

cc) Wechsel

Bei dem Ausweis der Besitzwechsel sind zusätzlich seit dem Geschäftsjahr 1967 die bundesbankfähigen Abschnitte mit einem Vermerk in die Bilanz aufzunehmen. Dieser Vermerk gibt Anhaltspunkte zur Beurteilung der Bonität und der Liquidität dieses Postens.

Bei den Industrie-Aktiengesellschaften erhöhte sich der Wechselbestand zwar von 1,4 Mrd DM (1967) auf 2,0 Mrd DM (1977), aber gemessen an dem Bilanzvolumen trat eine Verminderung des Anteils von 0,9 auf 0,6 Prozent ein. Mehr als drei Fünftel des gesamten Wechselbestandes entfiel auf nur zwei Wirtschaftsbereiche: Maschinenbau und Chemische Industrie. Jeweils ein weiteres Zehntel betraf die Unternehmen der Eisen- und Stahlindustrie und des Fahrzeugbaus. In der Elektroindustrie, in der in den sechziger Jahren noch ein Wechselbestand von mehr als einem Zehntel der Bilanzsumme ausgewiesen wurde, verminderte sich der Anteil dieses Aktivpostens auf 0.2 Prozent.

Das Gewicht der bundesbankfähigen Abschnitte ist in den einzelnen Wirtschaftsbereichen recht unterschiedlich. Besonders hoch ist der Anteil der bundesbankfähigen Wechsel in der Eisen- und Stahlindustrie mit einer Quote von rund drei Viertel. Im Maschinenbau waren in den letzten Jahren durchweg weniger als ein Zehntel der Wechsel bundesbankfähig. Diese niedrige Quote im Maschinenbau ist im wesentlichen darauf zurückzuführen, daß in diesem Wirtschaftszweig häufig Abschnitte mit einer Laufzeit von mehr als drei Monaten hereingenommen werden. Schon wegen der längeren Laufzeit entsprechen diese Wechsel nicht den strengen Ankaufsforderungen der Deutschen Bundesbank.

dd) Verbindlichkeiten

Um zu verhindern, daß von der Liquidität einer Gesellschaft ein zu günstiges Bild entsteht, verlangt der Gesetzgeber seit der Aktienrechtsreform von 1965 bei den langfristigen Verbindlichkeiten den Vermerk jener Verpflichtungen, die in den nächsten vier Jahren fällig werden. Bei dem Ausweis dieser langfristigen Schulden ist die vereinbarte Laufzeit maßgebend. Die Anleihen und Verbindlichkeiten gegenüber Kreditinstituten sind gesondert auszuweisen. In dem Sammelposten „Sonstige Verbindlichkeiten" sind alle übrigen langfristigen Verbindlichkeiten aufzuführen.

Verbindlichkeiten mit einer Laufzeit von mindestens vier Jahren

Jahr	insgesamt	darunter:		
		Anleihen	Verbindlichkeiten gegenüber Kreditinstituten	Sonstige Verbindlichkeiten
	Mrd DM	in Prozent		
1967	33,6	22,3	43,4	34,3
1970	39,6	18,2	52,0	29,8
1973	55,9	15,9	57,2	26,9
1976	63,9	12,0	59,0	29,0
1977	64,1	11,4	60,1	28,5

Unter den langfristigen Verbindlichkeiten der Industrie-Aktiengesellschaften zeigen sich in der langfristigen Entwicklung wesentliche Verschiebungen. Der

Anteil der Anleihen an den langfristigen Schulden ging erheblich zurück. Die Emission von Industrieobligationen, die nur für eine begrenzte Anzahl von Unternehmen mit einer zweifelsfreien Bonität und einem entsprechenden Standing beim Anlagepublikum in Betracht kommt, ist für die Fremdfinanzierung von anlageintensiven Großunternehmen eine von mehreren Formen der langfristigen Finanzierung.

Während beispielsweise in den USA der Emission von Industrieschuldverschreibungen eine erhebliche Bedeutung beizumessen ist, steht diese Form der langfristigen Fremdfinanzierung in der Bundesrepublik im Schatten anderer Finanzierungsinstrumente. Von den langfristigen Verbindlichkeiten mit einer Laufzeit von mindestens vier Jahren entfielen bei den Industrie-Aktiengesellschaften im Geschäftsjahr 1967 rund 22 Prozent auf Anleihen, 44 Prozent auf Verbindlichkeiten gegenüber Kreditinstituten und 34 Prozent auf sonstige Verbindlichkeiten. In den folgenden Jahren wurde der Gesamtbetrag der langfristigen Verbindlichkeiten kräftig aufgestockt. Bis zum Geschäftsjahr 1977 trat eine Verdoppelung der Summe ein. Der Anteil der Anleihen an den langfristigen Schulden verminderte sich kontinuierlich von Jahr zu Jahr. Auch der absolute Betrag, der 1972 mit einem Umlauf an Industrieobligationen in Höhe von 10 Mrd DM seine Spitze erreichte, ging ebenfalls ständig zurück. Ende 1978 war der Umlauf mit 6,9 Mrd DM zehn Prozent niedriger als Ende 1967.

Im Geschäftsjahr 1977 entfielen von den langfristigen Schulden der Industrie-Aktiengesellschaften nur noch elf Prozent auf Anleihen. Die emissionsfähigen Unternehmen wichen in immer größerem Umfang auf die langfristigen Kredite der Geschäftsbanken aus. Für diese Entwicklung sind vor allem folgende Gründe maßgebend gewesen:

– Die technische Abwicklung eines Bankkredits ist wesentlich einfacher als die Emission einer Industrieanleihe.
– Ein Bankkredit kann häufig kostenmäßig zu günstigeren Bedingungen aufgenommen werden.

Die technische Abwicklung der Begebung einer Industrieanleihe erfolgt über ein Bankenkonsortium unter Führung einer oder mehrerer Hausbanken. Das Anleihekonsortium handelt die Konditionen mit dem Emittenten aus, übernimmt die Anleihe in der Regel fest und placiert sie auf eigenes Risiko. Die Konsortialführer regeln die umfassenden Einzelheiten, die für die Durchführung der Emission erforderlich werden.

Die einmaligen Emissionskosten einer Industrieschuldverschreibung betragen etwa 3 bis $3^1/_2$ Prozent des Nennwertes. An laufenden Kosten entstehen dem Emittenten neben den Zinsen die Zinsscheineinlösungsgebühr, die Kosten für die Einlösung fälliger Teilschuldverschreibungen, die Veröffentlichungskosten und die Treuhandgebühr.

Ausländische Kapitalmärkte gewannen für deutsche Unternehmen ständig an Bedeutung. Bereits seit vielen Jahren nehmen deutsche Unternehmen den

Schweizer Kapitalmarkt in Anspruch. Außerdem wurden in großem Umfang Anleihen auf dem Euro-Kapitalmarkt emittiert. Diese Emissionen erfolgen durchweg von ausländischen Finanzierungsgesellschaften unter der Garantie der deutschen Muttergesellschaft. In der Regel dienen die Emissionen auf ausländischen Kapitalmärkten der Finanzierung der Auslandsaktivitäten der deutschen Unternehmen.

Zu den Verbindlichkeiten gegenüber Kreditinstituten gehören sowohl die langfristigen Kredite, die von Geschäftsbanken und Sparkassen gewährt wurden, als auch jene Darlehen, die von Hypothekenbanken oder Spezialbanken hinausgelegt wurden. Die Kreditinstitute schalteten sich immer stärker in die langfristige Finanzierung ein. Während auf der einen Seite das Gewicht der eigenen Finanzierungsmittel, gemessen an der Bilanzsumme, einen langsamen, aber ständigen Rückgang aufweist und die Fremdfinanzierung immer mehr an Bedeutung gewann, wurden die Kreditinstitute zur wichtigsten und größten Finanzierungsquelle. In einem Zeitraum von zehn Jahren erhöhte sich der Anteil der langfristigen Kredite, die von den Banken gewährt wurden, von 8 auf 12 Prozent der Bilanzsumme. Die Besicherung der langfristigen Bankkredite durch Grundpfandrechte, die in den sechziger Jahren bei knapp 50 Prozent gelegen hatte, ging bis auf ein Drittel zurück. Mehr als zwei Drittel der langfristig von den Banken gewährten Kredite betrafen die Wirtschaftsbereiche Energiewirtschaft, Eisen- und Stahlindustrie, Elektrotechnik und Chemische Industrie.

Unter den sonstigen Verbindlichkeiten ist den Schuldscheindarlehen sowie den Krediten eine besondere Bedeutung beizumessen, die langfristig von den rechtlich selbständigen Unterstützungseinrichtungen den Industrie-Aktiengesellschaften gewährt wurden. Diese Unterstützungseinrichtungen werden entweder als Pensionskasse oder als Unterstützungskasse geführt. Die von diesen Einrichtungen hinausgelegten Kredite waren im Durchschnitt etwa zur Hälfte durch Grundpfandrechte gesichert. Mehr als vier Fünftel der sonstigen Verbindlichkeiten mit einer Laufzeit von mindestens vier Jahren standen den Wirtschaftsbereichen Energiewirtschaft, Eisen- und Stahlindustrie, Bergbau und Chemische Industrie zur Verfügung.

6. Erfolgsrechnungen und Geschäftsergebnisse

Die Erfolgsrechnungen der Aktiengesellschaften lassen sich erst ab Geschäftsjahr 1961, nach dem Inkrafttreten der kleinen Aktienrechtsreform, einer sinnvollen Analyse unterziehen. Erst seit diesem Zeitpunkt liegen Angaben über den Umsatz sowie über eine differenziertere Aufgliederung von Erfolgs- und Aufwandsposten vor.

a) Gewinnausschüttung

Über einen wesentlich längeren Zeitraum, nämlich seit nahezu 75 Jahren, liegen Ergebnisse über die ausgeschütteten Gewinne der Gesellschaften vor. Werden die ausgeschütteten Gewinne zur Bilanzsumme in Beziehung gesetzt, so ergibt sich ein verhältnismäßig grober Anhaltspunkt zur Ertragslage der Gesellschaften, der bis in die Zeit vor dem Ersten Weltkrieg zurückverfolgt werden kann. Diese Daten[23] spiegeln Zeiten unterschiedlicher wirtschaftlicher Aktivitäten wider, Phasen einer Hochkonjunktur und wirtschaftlicher Schwierigkeiten.

Ausgeschütteter Gewinn im Verhältnis zur Bilanzsumme

Jahr	%	Jahr	%
1913	4,8	1952	0,7
		1962	2,3
1925	3,1	1972	1,5
1928	3,4	1975	1,3
1931	1,3	1976	2,0
1938	3,1	1977	1,0

Während der Weltwirtschaftskrise in den dreißiger Jahren sowie in den ersten Jahren nach der Währungsreform des Jahres 1948 war der ausgeschüttete Gewinn, gemessen an der Bilanzsumme, besonders niedrig. In den sechziger Jahren stieg zwar der ausgeschüttete Gewinn bis auf zweieinhalb Prozent der Bilanzsumme an, aber die Relationen, die mit Ausnahme der Weltwirtschaftskrise, früher bestanden hatten, wurden nicht wieder erreicht. Die Ertragslage der Gesellschaften erfuhr in der langfristigen Entwicklung, wie das Verhältnis der ausgeschütteten Gewinne zur Bilanzsumme erkennen läßt, eine erhebliche Verschlechterung. Das gilt nicht nur für einen Vergleich mit der Vorkriegszeit, sondern auch für eine Gegenüberstellung der Ergebnisse aus den siebziger mit denen der sechziger Jahre. In dem Zeitraum von 1960 bis 1969 betrug die durchschnittliche Gewinnausschüttung 2,3 Prozent, von 1970 bis 1977 dagegen nur 1,7 Prozent der Bilanzsumme. Mit anderen Worten: Der Anteil der Aktionäre an den Geschäftsergebnissen der Gesellschaften verminderte sich.

b) Wertschöpfung

Eine Bestätigung für diese Entwicklung der Ertragslage ergibt sich ferner bei einem längerfristigen Vergleich der Wertschöpfung der Industrie-Aktiengesellschaften. Der Begriff der Wertschöpfung, der ursprünglich in den Volkswirtschaftlichen Gesamtrechnungen eingeführt worden ist, kehrt neuerdings auch in den Jahresabschlüssen großer Publikumsgesellschaften wieder. Mit diesem Begriff wird der Unterschied erfaßt, der zwischen der Gesamtleistung des Unternehmens – Umsatz zuzüglich Bestandsveränderungen an Vorräten sowie aktivierte Eigenleistungen – und den Vorleistungen durch die Lieferanten besteht. Die Vorleistungen der Lieferanten werden in der Gewinn- und Verlustrechnung als Materialaufwand, Abschreibungen und sonstige Aufwendungen ausgewie-

Wertschöpfung

sen. Die Wertschöpfung einer Gesellschaft entspricht auf der anderen Seite jenem Betrag, der zur Zahlung der Personalkosten, Steuern, Zinsen, Dividende und Rücklagenbildung verwendet wird. Bei einer Gegenüberstellung zwischen zwei größeren Zeitabschnitten wurde ein Dreijahresdurchschnitt herangezogen, um Sonderentwicklungen während eines einzelnen Geschäftsjahres besser ausgleichen zu können.

Verwendung der Wertschöpfung der Industrie-Aktiengesellschaften (in Prozent)

	1965/67	1975/77
Personalkosten	62,1	71,3
Steuern	25,0	18,2
Zinsaufwand	4,5	5,0
Gewinnausschüttung	5,0	3,7
Rücklagenbildung	3,4	1,8

Der Anteil der Wertschöpfung, der den Mitarbeitern der Gesellschaften zufließt, erhöhte sich innerhalb des zehnjährigen Zeitraums beträchtlich. Mehr als sieben Zehntel der Wertschöpfung werden nunmehr durch Löhne und Gehälter sowie gesetzliche und freiwillige Sozialaufwendungen aufgezehrt. Das starke und überaus dominierende Gewicht der Personalkosten blieb zwangsläufig nicht ohne Einfluß auf die übrigen Quoten. Der unmittelbare Anteil des Staates, den die Gesellschaften als Steuern zahlen, ging zwar zurück. Der Staat erhöhte allerdings indirekt seine Quote dadurch, daß seine Einnahmen aus der Lohnsteuer sehr kräftig anstiegen. Die Einnahmen aus der Lohnsteuer lagen im Durchschnitt der Jahre 1975 bis 1977 um mehr als das Vierfache höher als in den Jahren 1965 bis 1967. Die Zunahme der Fremdverschuldung der Gesellschaften trug mit dazu bei, daß die Quote für den Zinsaufwand von 4,5 auf 5,0 Prozent anstieg. Die Anteile, die als Dividendenzahlungen an die Aktionäre gingen bzw. zur Rücklagenbildung in den Gesellschaften verblieben, sind erheblich geschrumpft. Die Situation der Aktionäre hat sich, wie die Daten mit aller Deutlichkeit bestätigen, sich in einem solchen Ausmaß verschlechtert, daß im Interesse eines gut funktionierenden Kapitalmarktes in einer freien Marktwirtschaft eine Beendigung der Diskriminierungen dringend geboten ist. Die Gewährung einer Steuergutschrift an die inländischen Aktionäre ist bereits ein wichtiger Schritt in die richtige Richtung. Durch die Zahlung eines Betrages von $^9/_{16}$ der Bardividende, die durch das zuständige Finanzamt vorgenommen wird, erhält der inländische Aktionär einen Ausgleich für die Doppelbesteuerung der Aktie. So erfreulich die Neuregelung mit der Steuergutschrift auch ist, so hat sie aber auf der anderen Seite zwei Aktionärsgruppen geschaffen, denn Ausländer erhalten keine Steuergutschrift. Diese unterschiedliche Behandlung ist sowohl aus rechtlichen Gründen als auch im Interesse eines gut funktionierenden Aktienmarktes sehr bedenklich.

c) Personalkosten

Die Entwicklung der Kosten, vor allem der Personalkosten, führte zu einer nachhaltigen Verschlechterung der Ertragslage der Gesellschaften. Das Ausmaß der Kostensteigerungen auf dem Personalsektor wird durch die außergewöhnlichen Steigerungsraten des tariflichen Lohn- und Gehaltsniveaus besonders deutlich. So erhöhten sich die Tariflöhne und -gehälter in dem Zeitraum von 1967 bis 1977 um mehr als 250 Prozent. In dem gleichen Zeitraum zogen aber die Lebenshaltungskosten nur um rund 60 Prozent an. Noch stärker als die Löhne und Gehälter stiegen die gesetzlichen und freiwilligen Sozialkosten. In diesem Zusammenhang ist ein Hinweis erwähnenswert, den die Hoechst AG in ihrem Geschäftsbericht 1977[24] veröffentlichte:

„Die Lohnnebenkosten sind bei unseren Gesellschaften in der Bundesrepublik Deutschland, den Niederlanden, Frankreich und Italien am höchsten. So erhalten Mitarbeiter von Hoechst in der Bundesrepublik Deutschland zusätzlich zum Entgelt für ihre Arbeit durchschnittlich 84 Prozent als soziale Leistung. Ein erheblicher Anteil davon ist gesetzlich bzw. tarifvertraglich festgelegt.

Seit 1960 hat sich das direkte Entgelt für geleistete Arbeit pro Mitarbeiter verdreifacht, die gesetzlich und tariflich verankerten sozialen Leistungen haben sich versiebenfacht. Die geleistete Arbeitsstunde war 1977 in der Bundesrepublik Deutschland mit 28 DM um 30 Prozent teurer als im Durchschnitt der Gesellschaften von Hoechst-Welt und 27 Prozent teurer als in den USA.

Struktur der Leistungen für Mitarbeiter Hoechst-Welt

	Anteil in Prozent
Für geleistete Arbeit	57
Für Jahresprämie, Erfolgsbeteiligung, tarifliche Jahresleistung, Vermögensbildung u. ä.	9
Für Urlaub, Krankheit und ähnliche Ausfallzeiten	11
Für soziale Sicherung, wie Renten-, Kranken-, Unfall-, Arbeitslosenversicherung, betriebliche Altersversorgung, werksärztlichen Dienst u. ä.	17
Für Aus- und Weiterbildung und sonstige soziale Leistungen und Einrichtungen	6

Damit werden an die Mitarbeiter zusätzlich zum direkten Entgelt für ihre geleistete Arbeit durchschnittlich noch einmal 75 Prozent als Nebenkosten aufgewendet."

Hier führt ein Unternehmen mit aller Deutlichkeit vor Augen, welches Gewicht den Lohnnebenkosten beizumessen ist und wie stark die Kostenexplosion gerade auf diesem Sektor verlaufen ist.

Die ständig steigenden Lohnkosten müssen zwangsläufig die besondere Aufmerksamkeit der Gesellschaften den betrieblichen Rationalisierungsmaßnahmen zuwenden. Wer sich nicht nur im nationalen, sondern auch noch im internationalen Konkurrenzkampf behaupten muß, ist gezwungen, zu möglichst niedrigen Kosten zu produzieren, um zu günstigen Preisen anbieten zu können. Mehr als ein Viertel des Umsatzes der deutschen Industrie wird über die Exportmärkte hereingeholt. In einigen Wirtschaftszweigen, wie beispielsweise im Maschinenbau, entfällt nahezu die Hälfte des Umsatzes auf den Export. Diese Anhaltspunkte lassen erkennen, in welchem Umfang unsere Unternehmen von den Exportgeschäften abhängig sind.

Der Anteil der Löhne und Gehälter, der im Durchschnitt der Geschäftsjahre 1965/67 bei einem Fünftel des Umsatzes lag, erreichte im Durchschnitt der Geschäftsjahre 1975/77 in etwa den gleichen Anteil. Die Kosten für die gesetzlichen und freiwilligen Sozialaufwendungen stiegen, gemessen am Umsatz, von 3,7 (1965/67) auf 5,0 Prozent (1975/77). Bei der Beurteilung dieser Daten darf nicht unbeachtet bleiben, daß sich der Umsatz in dem gleichen Zeitraum verdoppelte. Trotz aller Rationalisierungsmaßnahmen konnte der gesamte Personalkostenanteil wegen der starken Zunahme der Nebenkosten keineswegs gesenkt werden. Im Gegenteil, er erfuhr sogar noch eine leichte Erhöhung. So stieg das Produktionsergebnis[25] je Beschäftigtenstunde seit 1967 um 62 Prozent, aber die Löhne und Gehälter um 174 Prozent.

Besonders in den Jahren von 1970 bis 1977 stiegen die Löhne und Gehälter erheblich schneller als das Produktionsergebnis. Steigerungen der Personalkosten, die über den Produktivitätszuwachs hinausgehen, führen zu Belastungen der Unternehmen und drücken den Gewinn. Darüber hinaus heizen sie gesamtwirtschaftlich den inflatorischen Prozeß weiter an.

d) Struktur der Erfolgsrechnungen

Die Struktur der Erfolgsrechnungen läßt in der langfristigen Entwicklung einige Verschiebungen erkennen. Gemessen an der Gesamtleistung der Industrie-Aktiengesellschaften stieg der Anteil des Materialverbrauchs seit den Jahren 1965/67 um 4,9 Punkte auf 54,6 Prozent (1975/77). Die Preissteigerungen für Vorprodukte finden also in den Gewinn- und Verlustrechnungen einen entsprechenden Niederschlag. Der Rohertrag der Gesellschaften ging um 4,9 Punkte auf 45,4 Prozent zurück. Die übrigen ausweispflichtigen Erträge erhöhten sich leicht auf 5,7 Prozent, da die Beteiligungserträge sowie die Erträge aus Gewinnabführungsverträgen an Bedeutung gewannen.

Auf das besondere Gewicht der Personalkosten im Rahmen der Aufwendungen wurde bereits ausführlich eingegangen. Bei den übrigen Aufwendungen, vor allem bei den Abschreibungen und Steuern, trat im Verhältnis zur Gesamtleistung durchweg ein leichter Rückgang ein. Eine Ausnahme bildete hier die Zunahme des Aufwandes aus Verlustübernahme. Kennzeichnend für die Entwicklung der Ertragslage ist eine relative Verminderung des Jahresüberschusses, eine relativ

Erfolgsrechnungen und Geschäftsergebnisse

Erfolgsrechnungen der Industrie-Aktiengesellschaften

	Jahresdurchschnitt 1965/67	1975/77
	Mrd DM	
Gesamtleistung	164,1	407,1
davon entfielen auf	Anteil in Prozent	
Materialverbrauch	49,7	54,6
Rohertrag	50,3	45,4
Übrige ausweispflichtige Erträge	4,6	5,7
Löhne und Gehälter	20,1	20,0
Sozialabgaben	2,4	3,0
Freiwilliger Sozialaufwand	1,3	1,8
Abschreibungen auf Sachanlagen	6,7	5,0
Zinsaufwand	1,7	1,7
Steuern vom Einkommen, Ertrag und Vermögen	3,3	2,8
Sonstige Steuern	6,1	3,4
Vermögensabgabe	0,2	0,1
Aufwand aus Verlustübernahme	0,2	0,4
Abgeführte Gewinne	0,3	0,2
Ausweispflichtige Aufwendungen insgesamt	52,1	49,4
Jahresüberschuß	2,8	1,7
Entnahme aus Rücklagen	0,2	0,2
Zuführung zu Rücklagen	1,1	0,6
Bilanzgewinn	2,0	1,1

geringere Dotierung der Rücklagen und eine Verschlechterung des Bilanzgewinns.

In den Jahren 1975 bis 1977 wurden im Durchschnitt von der Gesamtleistung der Industrie-Aktiengesellschaften nur noch 1,1 Prozent als Bilanzgewinn verwendet. Die Gewinne der Gesellschaften haben sich in der Relation zur Gesamtleistung verschlechtert.

Der wissenschaftliche Beirat beim Bundesministerium für Wirtschaft sah sich in seinem Gutachten[26] über „Staatliche Interventionen in einer Marktwirtschaft" veranlaßt, die grundlegende Bedeutung des Gewinns für die Entwicklungen in unserem Wirtschaftssystem besonders hervorzuheben:

„Bedenklich ist die in der jüngeren politischen Diskussion festzustellende Verkennung der funktionalen Bedeutung des Gewinns. Gewinnchancen bilden die Voraussetzung für Investitionen und damit auch für die Schaffung neuer, besserer Arbeitsplätze. Gewinne in guten Jahren erleichtern die Produktions- und Beschäftigungsstabilisierung in schlechten Jahren. Eine Garantie der Gewinnerzielung gibt es jedoch in einer marktwirtschaftlichen Ordnung nicht. Nur dort, wo der Staat es zuläßt, daß Wettbewerb ausgeschaltet wird, oder wo er selbst den

Wettbewerbsausschluß betreibt, sind Gewinne auch dauerhaft ohne entsprechende Leistung auf dem Markt möglich.

Die Funktion des Gewinns als Voraussetzungen für Investitionen und als Stabilisator der Unternehmung muß in einer marktwirtschaftlichen Ordnung von allen Akteuren anerkannt werden, besonders von denen, die über die wirtschaftliche und politische Macht verfügen, Gewinne zu beeinflussen. Dazu gehören nicht nur die Träger der staatlichen Wirtschafts- und Finanzpolitik, sondern auch die Gewerkschaften. Eine lohnpolitische Strategie, die zu einer ständigen Verringerung des Gewinnanteils am Volkseinkommen führt, muß auf die Dauer die Funktionsweise der marktwirtschaftlichen Ordnung schwer beeinträchtigen. Eine starre Lohnpolitik, die ihre Forderung ungeachtet der konjunkturellen Lage durchzusetzen vermag, muß Unternehmen und damit Arbeitsplätze gefährden. Umverteilungsziele sollten daher tunlichst nicht durch lohnpolitische, sondern durch finanzpolitische und vermögenspolitische Maßnahmen angestrebt und verwirklicht werden, wobei allerdings Grenzen zu beachten sind."

Mit besonderem Nachdruck wird hier auf die fundamentale Bedeutung des Gewinns für die gesamtwirtschaftliche Entwicklung und die marktwirtschaftliche Ordnung hingewiesen. Es zeichnen sich aber – auch das muß nüchtern und realistisch gesehen werden – keine wesentlichen Anhaltspunkte dafür ab, daß die Feststellungen und Empfehlungen des wissenschaftlichen Beirats zu wirksamen und erfolgversprechenden Ansätzen in der Wirtschaftspolitik führen, die der Funktion des Gewinns wieder einen besseren, weniger diskriminierten Standort als bisher zuweisen.

e) Vorstands- und Aufsichtsratsbezüge

Die Höhe der Vorstands- und Aufsichtsratsbezüge wird in der wirtschaftspolitischen Diskussion von einigen Kritikern als unangemessen angesehen oder gar als ein Ärgernis empfunden. In der Vergangenheit wurden sogar im Bundestag verschiedene Vorschläge für eine Begrenzung der Aufsichtsratstantiemen eingebracht. Welcher Stellenwert den Bezügen der Verwaltungsorgane beizumessen ist, zeigt eine Auswertung der Jahresabschlüsse.

Im Geschäftsjahr 1977 zahlten 639 Industrie-Aktiengesellschaften, die mehr als vier Fünftel des Grundkapitals aller Industrie-Aktiengesellschaften repräsentieren, ihren Vorstandsmitgliedern, früheren Vorstandsmitgliedern und deren Hinterbliebenen insgesamt 650 Mio DM und ihren Aufsichtsratsmitgliedern 61 Mio DM. Damit belief sich der Aufwand für diese beiden Verwaltungsorgane zusammen auf 0,4 Prozent des Rohertrags bzw. 0,3 Prozent der gesamten Erträge. Seit 1972 erhöhten sich die Vorstandsbezüge im Durchschnitt um 57 Prozent. Das entspricht weitgehend den Steigerungen der Personalkosten in der Industrie. Bei den Aufsichtsratsvergütungen ist dagegen nur eine Zunahme um 15 Prozent festzustellen.

Zwischen den einzelnen Industriezweigen, aber auch zwischen den Gesellschaften der gleichen Branche, ergeben sich erhebliche Unterschiede in der Höhe der Vergütungen. Die Größe einer Gesellschaft ist im allgemeinen für die zahlenmäßige Besetzung der Verwaltungsorgane von Bedeutung. Bei kleineren Gesellschaften, deren wirtschaftliche Aktivitäten vielfach regional begrenzt sind, besteht die Verwaltung oftmals nur aus einem Vorstandsmitglied und drei Mitgliedern des Aufsichtsrats. Große Gesellschaften verfügen jedoch in vielen Fällen über mehr als 10 Vorstandsmitglieder und bis zu 21 Aufsichtsratsmitglieder. In diesem Zusammenhang sollte die Struktur der Aktiengesellschaften nicht übersehen werden. Jede achte Gesellschaft besitzt nur ein Grundkapital bis zu 1 Mio DM und jede zweite Gesellschaft bis zu 10 Mio DM.

Die gesamten Vorstandsbezüge einschließlich Ruhegehälter und Hinterbliebenenversorgung beliefen sich im Durchschnitt auf etwas mehr als 1 Mio DM je Gesellschaft. Die höchsten Vorstandsbezüge sind in den Bereichen Fahrzeugbau, Mineralölverarbeitung, Elektrotechnik, Chemische Industrie sowie Eisen- und Stahlerzeugung anzutreffen. Hierbei handelt es sich um jene Industriezweige, in denen große Unternehmen mit einer umfangreichen Verwaltung ein starkes Gewicht besitzen. Wesentlich niedriger liegen die Vorstandsvergütungen in den Branchen, in denen das Schwergewicht bei mittleren und kleineren Gesellschaften liegt: Textil- und Bekleidungsgewerbe, EBM-, Musik- und Spielwaren, sowie Holz-, Papier- und Druckindustrie. Als ein Sonderfall ist die Zuckerindustrie anzusehen, bei der die Gesamtbezüge des Vorstands im Durchschnitt je Gesellschaft unter 100 000 DM liegen.

Der Gesetzgeber stellte im Aktiengesetz einige allgemeine Grundsätze für Vorstandsvergütungen auf. Die Vorstandsbezüge müssen nach § 87 Abs. 1 AktG in einem angemessenen Verhältnis zu den Aufgaben des Vorstandsmitglieds und zur Lage der Gesellschaft stehen. Das gilt sinngemäß auch für die Ruhegehälter und die Hinterbliebenenversorgung. Bei den deutschen Aktiengesellschaften erhalten die Vorstandsmitglieder Vergütungen, die keineswegs unangemessen sind. Sie entsprechen vielmehr den umfassenden und schwierigen wirtschaftlichen Aufgaben und den sich ständig verändernden Anforderungen an die Probleme der Technik, die von den Unternehmensleitungen im industriellen Bereich zu lösen sind. Abweichungen, die oftmals von Gesellschaft zu Gesellschaft in einem Wirtschaftszweig bestehen, beruhen in den meisten Fällen auf eine schlechtere Ertragslage, aber teilweise auch auf die unterschiedlichen Qualitäten des jeweiligen Managements. Selbst bei großen Publikumsgesellschaften, die weltweit tätig sind, liegen die Vergütungen je Vorstandsmitglied durchweg mit 450 000 bis 650 000 DM in einem Rahmen, der im internationalen Vergleich erst einen Mittelplatz einnimmt. Nur in Einzelfällen wird dieser Betrag überschritten.

Die Aufwendungen für den Aufsichtsrat betrugen bei den Industrie-Aktiengesellschaften im Durchschnitt 95 000 DM je Unternehmen bzw. 14 000 DM je Mitglied. In den Industriezweigen mit den höchsten Vorstandsbezügen werden auch die höchsten Aufsichtsratstantiemen gezahlt. Die Zuwachsrate von 15 Prozent während des Zeitraums von 1972 bis 1977 ist verhältnismäßig niedrig, weil die Ertragslage der Unternehmen stagnierte. In einigen Branchen, wie Kunststoff-, Gummi- und Asbestverarbeitung, Steine, Erden, Feinkeramik und Glas, Elektrotechnik, Brauereien sowie Textil- und Bekleidungsgewerbe lagen die Aufsichtsratsvergütungen 1977 sogar niedriger als fünf Jahre zuvor.

Die Bezüge der Aufsichtsratsmitglieder sollen nach § 113 Abs. 1 AktG, wie die Vorstandsvergütungen, in einem angemessenen Verhältnis zu den Aufgaben und zur Lage der Gesellschaft stehen. Das ist durchweg auch der Fall, wie der Durchschnittsbetrag von 14 000 DM je Mitglied erkennen läßt. Für eine Art Gebührenordnung für Aufsichtsräte[27] sprechen ohnehin keine Gründe.

7. Sozialbilanzen

Zahlreiche Aktiengesellschaften sind dazu übergegangen, außer einem Jahresabschluß mit einem ausführlichen Geschäftsbericht noch eine sogenannte Sozialbilanz aufzustellen. Bei diesen Sozialbilanzen handelt es sich, das muß mit aller Deutlichkeit herausgestellt werden, nicht um eine Bilanz im Sinne handelsrechtlicher oder aktienrechtlicher Vorschriften, sondern vielmehr um eine Einordnung der Aktivitäten des Unternehmens in die sozialpolitischen Bereiche. Eine Sozialbilanz geht in erheblichem Umfang über einen Sozialbericht hinaus, der durchweg in den Geschäftsberichten die Sozialaufwendungen für die Mitarbeiter näher erläutert. Sie dient im allgemeinen folgenden Zielen:

– Darstellung der sozialpolitischen Leistung und Verantwortung des Unternehmens,

– Vertiefung des Dialogs mit der Öffentlichkeit und

– Verbesserung der Selbstdarstellung des Unternehmens.

Durchweg wird bei den Veröffentlichungen einer Sozialbilanz zwischen dem inneren und dem äußeren Beziehungsfeld des Unternehmens unterschieden. Mit anderen Worten: Das Verhältnis des Unternehmens zu seinen Mitarbeitern wird dargestellt an Hand der Löhne und Gehälter, freiwilligen Sozialaufwendungen, Ausgabe von Belegschaftsaktien, sozialen Sicherung, Fortbildung der Mitarbeiter und Sicherung der Arbeitsplätze. Außerdem wird das Verhältnis des Unternehmens zur Öffentlichkeit, zur Umwelt und zu den Gebietskörperschaften beleuchtet. In diesem Zusammenhang dienen vor allem die Aufwendungen für Forschung und Entwicklung, Umweltschutz, Steuern und Gebühren sowie sonstige Abgaben und die Öffentlichkeitsarbeit als Bezugsgrößen. Da die Aufwendungen der Unternehmen für die Mitarbeiter wesentlich größer sind als die Aufwendungen im äußeren Beziehungsfeld, nimmt dieser Teil einer Sozialbilanz auch den größten Raum ein. Bei der Sozialbilanz als einer besonderen Form der sozialpolitischen Berichterstattung lassen sich drei Darstellungsmethoden unterscheiden:

- Eine verbale Analyse der wechselseitigen Beziehungen und Einflüsse zwischen dem Unternehmen auf der einen Seite und den Mitarbeitern sowie der Öffentlichkeit auf der anderen Seite.
- Die Sozialbilanz als geschlossenes Rechnungssystem.
- Die Wertschöpfungsrechnung.

Bei der verbalen Analyse der wechselseitigen Beziehungen und Einflüsse werden die sozialpolitischen Leistungen den Verpflichtungen gegenübergestellt. Die Leistungen für die Mitarbeiter werden vielfach in einer spezifizierten Übersicht besonders herausgestellt.

Eine Sozialbilanz in der Form eines geschlossenen Rechnungssystems enthält die entsprechenden Daten aus dem Jahresabschluß und dem Geschäftsbericht mit Erläuterungen über den sozialpolitischen Nutzen. Bei dieser Darstellungsform bleibt zwangsläufig problematisch, daß zwar die Leistungen des Unternehmens gemessen werden können, der Nutzen dieser Leistungen, vor allem im äußeren Beziehungsfeld der Unternehmen, aber nur recht unvollkommen erfaßt werden kann.

8. Die Aktie im Spiegel Volkswirtschaftlicher Gesamtrechnungen

Die Volkswirtschaftlichen Gesamtrechnungen, deren Ergebnisse vom Statistischen Bundesamt und von der Deutschen Bundesbank veröffentlicht werden, haben die Aufgabe, ein möglichst umfassendes, quantitatives Gesamtbild des wirtschaftlichen Geschehens zu vermitteln. Bei den Ergebnissen aus dem gesamtwirtschaftlichen Rechnungswesen handelt es sich, anders als bei den Ergebnissen aus dem betrieblichen Rechnungswesen, zunächst weitgehend um Schätzungen, die aufgrund des erst größtenteils später eingehenden statistischen Basismaterials korrigiert werden müssen.

Im Rahmen ihrer Veröffentlichungen zur gesamtwirtschaftlichen Finanzierungsrechnung[28] veröffentlicht die Deutsche Bundesbank außer den eigentlichen Finanzierungsvorgängen auch Angaben über die Bestände der einzelnen volkswirtschaftlichen Sektoren an Forderungen und Verpflichtungen. In dieser gesamtwirtschaftlichen Finanzierungsrechnung sind die beiden Begriffe „Forderungen" und „Verpflichtungen" sehr weit gefaßt. Sie schließen neben den ausgesprochenen Gläubiger/Schuldnerverhältnissen auch Ansprüche mit ein, die in Aktien verbrieft sind und eigentumsrechtliche Beziehungen zwischen den Wirtschaftseinheiten zum Gegenstand haben. Es handelt sich hierbei, wie es die Deutsche Bundesbank nennt, um sogenannte „Quasi-Forderungen" und „Quasi-Verpflichtungen".

Die veröffentlichten Zahlenübersichten enthalten sowohl Angaben über die Bestände an Aktien zum Emissionskurs als auch zum Tageskurs. Der Wertansatz zum Emissionskurs entspricht dem Erst-Anschaffungspreis der Aktien bzw. auf der Seite der Emittenten dem Emissionserlös. Dieser Wertansatz entspricht weitgehend dem Bilanzansatz für das Grundkapital zuzüglich der gesetzlich vorgeschriebenen Einstellung des Emissionsagios in die Rücklagen. Er berücksichtigt aber nicht die seit der Emission eingetretenen Veränderungen des „inneren Wertes" der Aktien durch Gewinnthesaurierungen oder Verluste sowie sonstige Bewertungseinflüsse des Marktes.

Bei der Ermittlung der Tageswerte wurde jeweils vom durchschnittlichen Börsenkurs am Jahresende sowie bei dem nicht an den Börsen notierten Aktienkapital von einem durchschnittlichen Bilanzkurs aller deutschen Aktiengesellschaften zuzüglich eines geschätzten Zuschlags für stille Reserven ausgegangen.

Die Aufgliederung des Aktienbesitzes nach den einzelnen volkswirtschaftlichen Sektoren wurde aufgrund der verfügbaren Informationen aus den Bilanzen der Gesellschaften, aus der Depotstatistik und über den Beteiligungsbesitz geschätzt. Für die Berechnung der Bestände an deutschen Aktien im Ausland sowie ausländischer Aktien im Besitz von Inländern standen der Deutschen Bundesbank die kumulierten Transaktionswerte der seit der Freigabe des Kapitalverkehrs im Jahre 1958 erfolgten Portfolioinvestitionen aufgrund der Kapitalverkehrsstatistik zur Verfügung. Es wurde also der gesamte Bestand an deutschen Aktien sowie ausländischer Dividendenwerte, soweit sie sich im Besitz von Inländern befanden, im Rahmen der Finanzierungsrechnungen einbezogen. Ein langfristiger Überblick über die Entwicklung und Verteilung des Aktienbesitzes im Spiegel der jährlichen Volkswirtschaftlichen Gesamtrechnungen, vermittelt aufschlußreiche Einblicke über das Gewicht und die Bedeutung dieses Wertpapiers in unserer Volkswirtschaft.

Das gesamte Geldvermögen der Volkswirtschaft – Geldanlagen bei Kreditinstituten, Bausparkassen und Versicherungen sowie nach der weit gefaßten Definition der Deutschen Bundesbank auch die festverzinslichen Wertpapiere, Aktien und sonstigen Forderungen – erfuhr seit der Währungsreform eine beträchtliche Zunahme. In den Zeiträumen 1950 bis 1960 betrug der Zuwachs des Geldvermögens 502 Mrd DM, von 1960 bis 1970 belief sich die Steigerung auf 1 208 Mrd DM und von 1970 bis 1978, allerdings begleitet von wesentlich größeren Preissteigerungen als in früheren Perioden, sogar auf 2 504 Mrd DM. Da der Aktienbesitz nicht in dem Umfang ausgeweitet wurde wie die übrigen Anlagen, verminderte sich sein Anteil am volkswirtschaftlichen Geldvermögen von 13,2 Prozent (Ende 1950) auf 8,2 Prozent (Ende 1978) unter Zugrundelegung der Kurswerte.

Eine Aufgliederung des Aktienbesitzes nach den einzelnen volkswirtschaftlichen Sektoren läßt erkennen, daß die Verminderung des Anteils der Aktien am Geldvermögen keineswegs gleichmäßig verlaufen ist. Bei den Unternehmen hielten sich die Veränderungen in wesentlich engeren Grenzen, als bei den übrigen Sektoren. Vor allem bei den Privaten Haushalten wurden andere Arten der Geldanlage gegenüber dem Erwerb von Aktien bevorzugt.

Die Aktie im Spiegel Volkswirtschaftlicher Gesamtrechnungen

Anteil der Anlage in Aktien am Geldvermögen des jeweiligen Sektors
(Aktien bewertet zum Emissionskurs)

	1950	1960	1970	1978
	in Prozent			
Unternehmen	13,9	15,0	14,2	11,0
Private Haushalte	25,1	7,9	5,0	2,5
Öffentliche Haushalte	11,1	4,9	4,4	4,6
Ausland	25,0	13,6	10,0	9,6
Banken und Versicherungen	0,9	1,4	1,2	1,0
Sämtliche Sektoren	11,5	5,8	4,5	3,5

Der besonders starke Rückgang des Anteils der Aktien an den gesamten Geldvermögen zwischen 1950 und 1960 ist bei den Privaten Haushalten im wesentlichen darauf zurückzuführen, daß Ende 1950 – nur wenige Jahre nach der Währungsreform – andere Anlagearten, wie Guthaben bei Kreditinstituten, Versicherungen und Bausparkassen sowie die Anlage in festverzinslichen Wertpapieren, noch einen besonders niedrigen Stand aufwiesen. Zehn Jahre später, ab 1960, hatten diese Geldanlagen bereits eine kräftige Aufstockung erfahren. Von diesem Zeitpunkt an hielt sich die Verschiebung der Gewichte und damit der Rückgang des Anteils der Aktien in engeren Grenzen als in der ersten Dekade. Gleichwohl besteht die Tendenz fort, daß andere Anlageformen bevorzugt werden. Dagegen nimmt die Aktie bei den beiden Sektoren Unternehmen und Ausland, und zwar besonders in der Form des Beteiligungsbesitzes, eine durchaus beachtliche Stellung ein.

Der Kurswert sämtlicher deutschen Aktien sowie der ausländischen Dividendenwerte im Besitz von Inländern belief sich Ende 1978 auf 353,1 Mrd DM. Seit Ende 1950, also innerhalb von 28 Jahren, ist durch eine erhebliche Erhöhung des Aktienumlaufs und durch Kurssteigerungen eine Zunahme um mehr als das Zwanzigfache erfolgt. Unter Zugrundelegung der Emissionskurse betrug die Steigerung mehr als das Zehnfache, so daß Ende 1978 auf dieser Basis ein Bestand von 151,2 Mrd DM vorhanden war.

Bestand an Aktien

	Tageskurs	Emissionskurs
	Mrd DM	
1950	15,2	13,3
1954	42,0	21,4
1960	140,1	35,7
1964	143,5	49,3
1970	200,2	82,3
1975	296,8	124,5
1978	353,1	151,2

Die Aktie im Spiegel Volkswirtschaftlicher Gesamtrechnungen

Von dem Gesamtbetrag entfielen Ende 1978 rund ein Fünftel auf deutsche Aktien, die sich im Besitz von Ausländern befanden und ein weiteres Fünftel auf ausländische Dividendenwerte, die Inländern gehörten. Mit anderen Worten: Die Veräußerung deutscher Aktien an Ausländer und der Erwerb von Auslandsaktien durch Inländer glichen sich in etwa wieder aus. Von dem Gesamtbetrag des Aktienbesitzes ergeben sich für die einzelnen Sektoren folgende Anteile:

Aktienbesitz zum Tageskurs (Anteil in Prozent)

	1950	1965	1978
Unternehmen	22,0	35,3	38,9
Private Haushalte	42,0	26,2	20,3
Ausland	20,6	16,4	17,5
Öffentliche Haushalte	12,7	12,4	9,9
Kreditinstitute	2,0	6,1	8,2
Versicherungen	0,7	3,7	5,2

Eine Aufgliederung des Aktienbesitzes nach den einzelnen volkswirtschaftlichen Sektoren läßt seit 1950 erhebliche Verschiebungen erkennen. Der Anteil der Unternehmen am gesamten Aktienbesitz, der 1950 nur etwas mehr als ein Fünftel betragen hatte, erreichte 1956 seinen bisher höchsten Stand mit 43 Prozent. In den folgenden Jahren verminderte sich dieser Anteil auf 35 Prozent. In den letzten Jahren nahm jedoch das Gewicht der Unternehmen wieder zu.

In den ersten Jahren nach der Währungsreform waren die Privaten Haushalte mit einem Anteil von mehr als zwei Fünftel die größten Aktienbesitzer. Sie verloren jedoch ihre führende Position bereits im Jahre 1953 an die Unternehmen. In den Jahren 1955 bis 1971 betrug der Anteil der Privaten Haushalte am gesamten Aktienbesitz durchweg 26 bis 27 Prozent. Ab 1972 setzte erneut eine rückläufige Entwicklung ein. Gegenwärtig beträgt der Anteil der Privaten Haushalte nur noch etwas mehr als ein Fünftel des gesamten Aktienbesitzes.

Die von Zeit zu Zeit geäußerten Vermutungen, das Gewicht des Auslandes als Erwerber deutscher Aktien nehme einen immer größeren Umfang an, findet in den von der Deutschen Bundesbank veröffentlichten statistischen Ergebnissen keinen Niederschlag. Der Anteil der Ausländer war, wie bei den privaten Haushalten, unmittelbar nach der Währungsreform am größten. Zu Beginn der fünfziger Jahre traten Ausländer nur in geringem Maße als Käufer deutscher Aktien in Erscheinung. Ihr Anteil ging daher von einem Fünftel bis auf ein Achtel zurück. Seit Beginn der sechziger Jahre setzte wieder ein größeres Interesse der Ausländer am Erwerb deutscher Aktien ein. Im Durchschnitt der Jahre 1974 bis 1978 betrug der Anteil der Ausländer am gesamten Aktienbesitz rund 18 Prozent. Diese Quote blieb seit einer Reihe von Jahren nahezu konstant.

Der Anteil der öffentlichen Haushalte am Aktienbesitz, der in den Jahren 1949 bis 1953 bei 13 Prozent lag, erreichte sein größtes Gewicht mit 14 Prozent in den

Jahren 1959 bis 1963. In den folgenden Jahren verminderte sich der Anteil, wenn auch nur geringfügig, von Jahr zu Jahr. Ende 1978 entfielen nur noch knapp ein Zehntel des Aktienbesitzes auf die öffentlichen Haushalte. Es ist damit zu rechnen, daß diese Quote in den nächsten Jahren noch weiter zurückgehen wird, zumal die angespannte Lage der öffentlichen Haushalte für Kapitalerhöhungen nur einen begrenzten Raum läßt.

Bei den Kreditinstituten und Versicherungen verlief die Entwicklung weitgehend parallel. Von einer außerordentlich niedrigen Ausgangsbasis – 1949 belief sich der Anteil der Kreditinstitute und Versicherungen auf 1,6 beziehungsweise 0,8 Prozent – wurde ein kontinuierlicher Ausbau des Aktienbesitzes vorgenommen, der nur vorübergehend kurze Unterbrechungen hinnehmen mußte. Ende 1978 betrug der Anteil der Kreditinstitute am Gesamtbestand 8,2 Prozent, während auf die Versicherungen 5,2 Prozent entfielen.

Die Vermögensbildung durch Aktienerwerb erreichte ihren größten Anteil an der gesamten Vermögensbildung in der Bundesrepublik im Jahre 1960 mit 6,7 Prozent. Seit 1972 liegt diese Quote jedoch ständig unter 3 Prozent. Andere Anlagearten, wie Guthaben bei Banken, Versicherungen und Bausparkassen sowie der Erwerb von festverzinslichen Wertpapieren, besitzen im Rahmen der Vermögensbildung ein wesentlich größeres Gewicht. Nur bei den Unternehmen gewinnt die Vermögensbildung durch Aktienerwerb, im Gegensatz zu den Privaten Haushalten, neuerdings an Bedeutung. Während ursprünglich die Privaten Haushalte als Erwerber von Aktien mit Abstand den ersten Platz einnahmen, vollzog sich eine langsame, aber kontinuierliche Verlagerung zu den Unternehmen.

B. Branchenanalysen

1. Einleitung

Bei den Branchenanalysen wurde als Maßstab für das Gewicht der Aktiengesellschaften durchweg der Umsatz in dem jeweiligen Wirtschaftszweig zugrundegelegt. Die Ergebnisse aus der Umsatzsteuerstatistik, die im Rahmen eines zweijährigen Turnus zuletzt für 1976 vorliegen, wurden auf das Jahr 1979 hochgerechnet. Die Angaben zur Bilanzstruktur, die Basisdaten für die Relationen aus den Erfolgsrechnungen einschließlich der Gesamtbezüge für den Vorstand und den Aufsichtsrat und die Basisdaten für die Wertschöpfungsrechnung wurden der amtlichen Bilanzstatistik entnommen.

Bei den Kennzahlen aus den Jahresabschlüssen handelt es sich um Verhältniszahlen, die leicht überschaubar und faßbarer als die absoluten Daten sind. Sie besitzen eine konzentrierte Aussagekraft und erleichtern Vergleiche.

Der Rohertrag entspricht der um den Waren- bzw. Materialeinsatz gekürzten Gesamtleistung des Unternehmens. Er ist das Ergebnis der betrieblichen Tätigkeit: der Betriebsertrag. Neutrale Erträge, wie Erträge aus Beteiligungen sowie alle außerordentlichen Erträge, bleiben unberücksichtigt. Das Verhältnis des Rohertrags zum Umsatz gibt einen Anhaltspunkt für den Anteil des eigentlichen Betriebsertrages am Umsatz.

Als Personalkosten werden die Löhne und Gehälter, die gesetzlichen Sozialabgaben und der freiwillige Sozialaufwand erfaßt. Mit dem Verhältnis Personalkosten zum Rohertrag wird der gesamte Personalaufwand an der Betriebsleistung der Unternehmen gemessen.

Bei den gewinnabhängigen Steuern handelt es sich um Steuern vom Einkommen, Ertrag und Vermögen. Zu diesen Abgaben gehören in erster Linie die Körperschaft-, Vermögen-, Gewerbekapital-, Lohnsummen-, Grundsteuer und ähnliche Abgaben, die im Verhältnis zum Rohertrag betrachtet werden.

Der Jahresüberschuß ist nicht identisch mit dem Gewinn der Gesellschaften. Er kann bereits um Gewinnteile gekürzt sein und vielfach sind stille Reserven gebildet worden. Er vermittelt jedoch einen näherungsweisen Einblick in die Ertragslage. Das Verhältnis zum Rohertrag gibt an, welcher Teil des Betriebsertrags auf diese Position entfällt.

Branchenanalysen

2. Energiewirtschaft

Bedeutung und Größenklassen der Aktiengesellschaften: Zu Beginn des Jahres 1979 waren in der Bundesrepublik 129 Aktiengesellschaften der Energiewirtschaft mit insgesamt 13,5 Mrd DM Grundkapital in den Handelsregistern eingetragen. Die besondere Bedeutung dieser Unternehmen im Rahmen der Gesamtwirtschaft läßt sich mit wenigen Daten deutlich unterstreichen. Von dem Sachvermögen der Industrie-Aktiengesellschaften entfallen etwa ein Drittel auf Unternehmen dieses Wirtschaftszweiges. Vom Umsatz sämtlicher rund 4 000 Unternehmen werden zwei Drittel von Aktiengesellschaften erzielt. Ein Viertel der Aktiengesellschaften sind mit einem Grundkapital von mehr als 100 Mio DM ausgestattet. Von 31 Gesellschaften mit insgesamt 12,2 Mrd DM Grundkapital werden die Aktien an der Börse notiert. Das entspricht einem Viertel des gesamten börsennotierten Grundkapitals. Zu dem Kreis der Publikumsgesellschaften gehören:

	Grundkapital Mio DM	Anzahl der Aktionäre
Berliner Kraft und Licht (Bewag)	448	30 000
Contigas Deutsche Energie AG	110	9 000
Hamburgische Electrizitätswerke	456	28 000
Nordwestdeutsche Kraftwerke	420	5 000
Rheinisch-Westfälisches Elektrizitätswerk	1 800	200 000
Veba	1 417	900 000
Vereinigte Elektrizitätswerke Westfalen	600	55 000

Die Veba wurde in diesen Wirtschaftszweig mit einbezogen, da ein wesentlicher Teil ihrer Beteiligungen in diesem Bereich liegt. Sie ist die Gesellschaft mit dem größten Aktionärskreis. Bei den Unternehmen der Energiewirtschaft, und zwar auch bei den Publikumsgesellschaften, besitzt die öffentliche Hand durchweg einen maßgebenden Einfluß.

Die Jahresabschlüsse lassen im langfristigen Vergleich einige Besonderheiten erkennen:

- Das Gewicht der Sachanlagen ist besonders groß.

- Die Zuwachsraten der Investitionen und der Umsätze liegen über dem Durchschnitt aller Industriezweige.

- Konjunkturelle Schwankungen beeinflussen die Geschäftsergebnisse nicht so stark wie in anderen Wirtschaftszweigen.

Von den Sachanlagen der Industrie-Aktiengesellschaften gehörten 1967 ein Fünftel, 1977 jedoch rund ein Drittel den Unternehmen der Energiewirtschaft. Jahr für Jahr werden in erheblichem Umfang Investitionen durchgeführt, um den

Energiewirtschaft

Anforderungen an den ständig wachsenden Energiebedarf der gewerblichen Wirtschaft und der Haushalte befriedigen zu können. In den letzten Jahren ergaben sich bei der Durchführung von Kernkraftbauten, aber auch bei der Errichtung von Elektrizitätswerken, die auf Kohlebasis arbeiten sollen, erhebliche Verzögerungen. Eine ausreichende Energieversorgung – eine unerläßliche Voraussetzung für ein wirtschaftliches Wachstum – ist für die achtziger Jahre noch nicht sichergestellt.

In der **Bilanzstruktur** der Gesellschaften sind bei einem langfristigen Vergleich einige Verschiebungen zu erkennen. Der Anteil der Sachanlagen an der Bilanzsumme, der bis Mitte der sechziger Jahre zunahm, verminderte sich wieder. Dieser Rückgang hielt sich aber in wesentlich engeren Grenzen als in anderen Wirtschaftszweigen. Das Gewicht der Finanzanlagen blieb im Laufe von zwei Jahrzehnten nahezu konstant. Im Branchendurchschnitt entfällt rund ein Zehntel des Bilanzvolumens auf diese Position. Der Anteil des Umlaufvermögens stieg im längerfristigen Vergleich wieder auf mehr als ein Fünftel der Bilanzsumme. Innerhalb dieses Postens nahmen vor allem die Forderungen zu, die nunmehr bis auf zwei Drittel des gesamten Umlaufvermögens gestiegen sind.

	1957	1967	1977
	Mrd DM		
Bilanzsumme	10,7	29,0	73,4
davon entfielen auf	Anteil in Prozent		
Sachanlagen	68,1	74,1	67,0
Finanzanlagen	10,8	9,0	10,0
Anlagevermögen	78,9	83,1	77,0
Umlaufvermögen	18,7	17,2	22,7
Grundkapital	25,6	24,0	17,4
Rücklagen	14,9	20,9	21,1
Eigenkapital	40,5	44,9	38,5
Rückstellungen	11,6	11,7	15,7
Langfristige Verbindlichkeiten	34,1	29,2	29,8
Kurzfristige Verbindlichkeiten	9,1	11,2	14,1
Fremdkapital	54,8	52,1	59,6
Bilanzgewinn	1,7	2,3	1,6

Die Eigenkapitalausstattung ist gegenüber dem Durchschnitt aller Industrie-Aktiengesellschaften noch als günstig anzusehen. Es fällt allerdings auf, daß der eingetretene Rückgang der Eigenkapitalquote nicht etwa auf eine Verminderung der Zuweisungen zu den offenen Reserven, sondern auf ein Nachhinken der

Grundkapitalerhöhungen zurückzuführen ist. Da sich die Mehrheit der Aktien durchweg in Besitz der öffentlichen Hand befindet, die öffentlichen Haushalte sich aber in den letzten Jahren besonders stark verschuldeten, wurde die Frage der Kapitalerhöhungen durch die Mehrheitsaktionäre aus dem öffentlichen Bereich vielfach zurückgestellt oder nur zögernd behandelt. Die Folge ist ein größerer Rückgang der Grundkapitalquote. Der Nominalkapitalausstattung sollte künftig eine verstärkte Aufmerksamkeit geschenkt werden. Bei den Fremdmitteln blieb der Anteil der langfristigen Verbindlichkeiten in den letzten Jahren unverändert. Die Rückstellungen und kurzfristigen Verbindlichkeiten erfuhren eine leichte Zunahme.

Relationen aus den Erfolgsrechnungen

	1967	1977
	Mrd DM	
Umsatz	14,9	51,2
Rohertrag	7,9	24,8
Verhältnis einzelner Positionen	in Prozent	
Rohertrag/Umsatz	51,0	44,4
Personalkosten/Rohertrag	29,7	34,2
Gewinnsteuern/Rohertrag	11,3	10,2
Jahresüberschuß/Rohertrag	13,0	8,9
Dividende in Prozent	10,2	10,9

Der Umsatz der Gesellschaften weist eine überdurchschnittliche Steigerung auf. Der Anteil des Personalaufwandes am Rohertrag, der in der Energiewirtschaft ein wesentlich geringeres Gewicht als in anderen Wirtschaftszweigen besitzt, nahm im langfristigen Vergleich zu. Dagegen war der Anteil der gewinnabhängigen Steuern und des Jahresüberschusses leicht rückläufig. Das große Gewicht der Sachanlagen führte dazu, daß unverändert mehr als ein Viertel des Rohertrages für Wertberichtigungen und Abschreibungen aufgewendet werden. Der Anteil des Jahresüberschusses am Rohertrag liegt erheblich über dem Durchschnitt aller Industrie-Aktiengesellschaften. Die Gesamtbezüge von Vorstand und Aufsichtsrat beliefen sich 1977 auf 637 000 bzw. 103 000 DM je Gesellschaft.

Die Durchschnittsdividende der Aktiengesellschaften der Energiewirtschaft, die 1967 bei 10,2 Prozent lag, belief sich 1977 auf 10,9 Prozent. Bei der Energiewirtschaft ist im längerfristigen Vergleich eine Kontinuität der Dividendensätze festzustellen. Diese Politik der Gewinnausschüttung konnte nur durchgehalten werden, weil dieser Wirtschaftszweig nicht so stark von konjunkturellen Schwankungen wie andere Bereiche abhängig ist.

Chemische Industrie

Wertschöpfung

	1967	1977
	Mrd DM	
Wertschöpfung insgesamt	5,4	14,4
davon erhielten	in Prozent	
Mitarbeiter	45,2	54,5
Staat	20,8	18,2
Gläubiger	11,6	11,6
Aktionäre	13,7	9,9
Unternehmen	8,7	5,8

Da in der Energiewirtschaft die Erzeugung nicht arbeits-, sondern kapitalintensiv erfolgt, ist der Teil der Wertschöpfung, den die Mitarbeiter erhalten, geringer als in den meisten übrigen Wirtschaftszweigen. Fast ein Fünftel geht in Form von Steuern und Abgaben an den Staat. Mehr als ein Zehntel floß an die Gläubiger. Der Zinsaufwand, der im Zusammenhang mit den besonders großen Investitionen für Sachanlagen zu sehen ist, liegt erheblich höher als in anderen Bereichen. Sowohl den Aktionären als auch den Unternehmen verblieb ein Anteil an der Wertschöpfung, der in keinem anderen Wirtschaftszweig erreicht wird.

3. Chemische Industrie

Bedeutung und Größenklassen der Aktiengesellschaften: Der Umsatz von 3 200 Unternehmen der Chemischen Industrie erreicht eine Höhe von 120 Mrd DM. Hiervon entfallen mehr als die Hälfte auf 59 Aktiengesellschaften, die insgesamt mit 9,0 Mrd DM Grundkapital ausgestattet sind. Bei einer Aufgliederung nach Größenklassen wird eine besonders breite Streuung erkennbar. Von den Aktiengesellschaften der Chemischen Industrie besitzen zwei Fünftel ein Grundkapital bis zu 10 Mio DM, etwas mehr als ein Drittel über 10 bis 100 Mio DM und ein Sechstel über 100 Mio bis 1 Mrd DM. Drei weitere Unternehmen – BASF, Bayer und Hoechst – verfügen über ein Nominalkapital von weit mehr als 1 Mrd DM. Mit einem Grundkapital von 2,1 Mrd DM ist Bayer, gemessen an der Kapitalausstattung, die größte deutsche Aktiengesellschaft. An den Börsen der Bundesrepublik werden die Aktien von 25 Gesellschaften mit insgesamt 7,4 Mrd DM Grundkapital notiert. Darunter befinden sich 9 Unternehmen, die als Publikumsgesellschaften anzusehen sind:

Branchenanalysen

	Grundkapital Mio DM	Anzahl der Aktionäre
BASF	1 939	400 000
Bayer	2 130	458 000
Beiersdorf	144	20 000
Degussa	212	39 000
Goldschmidt	58	7 000
Hoechst	1 799	420 000
Kali-Chemie	85	20 000
Rütgerswerke	77	11 000
Schering	251	52 000

Die **Struktur der Jahresabschlüsse** läßt im langfristigen Vergleich bemerkenswerte Verschiebungen erkennen. Innerhalb des Anlagevermögens gewannen die Finanzanlagen durch den großen Zugang an Beteiligungen erheblich an Bedeutung. Während 1967 noch 42 Prozent des Bilanzvolumens aus Sach- und 16 Prozent aus Finanzanlagen bestanden, ergab sich in den folgenden Jahren eine ständige Verschiebung zugunsten der Finanzanlagen. Im Geschäftsjahr 1977 entfiel nur noch ein Drittel auf Sachanlagen, aber bereits fast ein Viertel auf Finanzanlagen. In keinem anderen Wirtschaftsbereich besitzen die Finanzanlagen ein so großes Gewicht wie in der Chemischen Industrie.

	1957	1967	1977
	Mrd DM		
Bilanzsumme	8,6	24,2	45,3
davon entfielen auf	Anteil in Prozent		
Sachanlagen	40,5	42,2	32,9
Finanzanlagen	9,1	16,4	24,3
Anlagevermögen	49,6	58,6	57,2
Umlaufvermögen	49,3	41,0	42,8
Grundkapital	29,3	24,2	19,3
Rücklagen	13,2	22,2	24,8
Eigenkapital	42,5	46,4	44,1
Rückstellungen	15,7	12,5	19,7
Langfristige Verbindlichkeiten	15,7	19,9	19,8
Kurzfristige Verbindlichkeiten	20,0	17,3	14,4
Fremdkapital	51,4	49,7	53,9
Bilanzgewinn	3,1	3,8	2,0

Die Eigenkapitalausstattung weist in der Chemischen Industrie, im Gegensatz zu zahlreichen anderen Wirtschaftszweigen, ein sehr günstiges Verhältnis auf. Der Anteil der Eigenmittel lag 1977 im Durchschnitt bei 44 Prozent. Das ist eine Relation, die nur etwas niedriger als in der Vorkriegszeit liegt. Zwar verminderte sich seit 1967 der Anteil des Grundkapitals um 4,9 Prozentpunkte, da aber der Anteil

Chemische Industrie

der Rücklagen im gleichen Zeitraum um 2,6 Punkte zunahm, trat beim Eigenkapital nur ein geringfügiger Rückgang ein. Die Verminderung lag mit 2,3 Punkten wesentlich niedriger als im Durchschnitt aller Industriezweige mit einer Abnahme um 6,8 Punkte.

Beim Fremdkapital wurden die kurzfristigen Verbindlichkeiten abgebaut. Im Geschäftsjahr 1977 entfiel nur noch ein Siebentel des Bilanzvolumens auf kurzfristige Schulden, gegenüber einem Fünftel im Geschäftsjahr 1957. Bei den Rückstellungen und langfristigen Verbindlichkeiten ergab sich seit 1957 eine leichte Zunahme.

Relationen aus den Erfolgsrechnungen

	1967	1977
	Mrd DM	
Umsatz	23,3	51,1
Rohertrag	13,7	27,4
Verhältnis einzelner Positionen	in Prozent	
Umsatz/Rohertrag	58,9	53,6
Personalkosten/Rohertrag	40,0	52,3
Gewinnsteuern/Rohertrag	8,0	6,9
Jahresüberschuß/Rohertrag	7,9	4,3
Dividende in Prozent	16,1	10,7

Das Verhältnis des Rohertrages zum Umsatz verschlechterte sich. Innerhalb der Aufwendungen erhöhte sich der Anteil der Personalkosten besonders kräftig. Im Geschäftsjahr 1977 wurde etwas mehr als die Hälfte des Rohertrages für Personalaufwendungen benötigt. Im langfristigen Vergleich ging der Anteil der Erträge zurück, wie das Verhältnis der gewinnabhängigen Steuern und des Jahresüberschusses zum Rohertrag zeigen. Die Bezüge des Vorstands und des Aufsichtsrats betrugen im Geschäftsjahr 1977 insgesamt 2,3 Mio bzw. 179 000 DM je Gesellschaft.

Wertschöpfung

	1967	1977
	Mrd DM	
Wertschöpfung insgesamt	8,9	18,9
davon erhielten	in Prozent	
Mitarbeiter	63,0	77,5
Staat	19,1	10,9
Gläubiger	5,0	4,4
Aktionäre	10,4	5,0
Unternehmen	2,5	2,2

Der an die Mitarbeiter fließende Teil der Wertschöpfung stieg bis auf drei Viertel des Gesamtbetrages an, während der Anteil der übrigen Gruppen zurückging. Der Anteil der Aktionäre sank um die Hälfte. Im Vergleich zu anderen Branchen liegt jedoch die Quote von 5 Prozent (1977) noch verhältnismäßig hoch. Etwas mehr als 2 Prozent verblieb in den Unternehmen zur Stärkung der Rücklagen.

4. Mineralölwirtschaft

Bedeutung und Größenklassen der Aktiengesellschaften: Zwischen der wirtschaftlichen Aktivität und dem Energieverbrauch besteht eine enge Beziehung: Mit der konjunkturellen Erholung nahm auch der Bedarf an Primärenergie wieder zu. Mit umgerechnet 387 Mio Tonnen Steinkohleeinheiten lag der Energieverbrauch 1978 rund 4 Prozent höher als im Vorjahr. Gleichzeitig wurde das bisherige Spitzenniveau des Jahres 1973 noch übertroffen. Wichtigster Energieträger ist mit großem Abstand das Mineralöl, das 1978 einen Anteil von 53 Prozent am Primärenergieverbrauch besaß. Die übrigen Energieträger − Steinkohle (18 %), Erdgas (15 %), Braunkohle (9 %), Kernenergie (3 %) und Wasserkraft (2 %) − erreichen zusammen nicht das Gewicht des Mineralöls.

Die Unternehmen der Mineralölindustrie, die im Hinblick auf die Energieversorgung und die weitere Rohstoffverarbeitung im Bereich der Chemischen Industrie sowie der Kunststoffverarbeitung besonders im Blickfeld des Interesses stehen, befinden sich überwiegend in ausländischer Hand. Rund 90 Prozent der Bilanzsumme und 86 Prozent der Umsätze sowie der Beschäftigten dieses Wirtschaftszweiges entfallen auf Unternehmen, die von Ausländern kontrolliert werden. In der Rechtsform der Aktiengesellschaft wurden zu Beginn des Jahres 1979 insgesamt 10 Unternehmen mit zusammen 5,2 Mrd DM Grundkapital geführt. Nur von einer Gesellschaft − Deutsche Texaco AG − werden die Aktien an der Börse notiert. An dem Kapital dieser Gesellschaft sind freie Aktionäre mit etwa einem Prozent beteiligt.

Die **Bilanzstruktur** der Aktiengesellschaften der Mineralölindustrie läßt seit 1967 eine kräftige Zunahme des Anteils des Umlaufvermögens an der Bilanzsumme erkennen. Diese Erhöhung ist wesentlich größer als im Durchschnitt der übrigen Industriezweige. Zu einem großen Teil ist die Veränderung auf die nachhaltigen Preissteigerungen für Rohöl und damit auch für verarbeitete Produkte, aber auch auf eine größere Vorratshaltung zurückzuführen. Ende 1967 bestand das Umlaufvermögen nur zu einem Drittel aus Vorräten, Ende 1977 belief sich der Anteil der Vorräte bereits auf mehr als die Hälfte des Umlaufvermögens.

Das Schwergewicht der eigenen Mittel liegt eindeutig beim Grundkapital, während auf die Rücklagen nur etwas mehr als ein Viertel des Eigenkapitals entfällt. Eine derartige Struktur der Eigenkapitalbasis ist vielfach bei Gesellschaften an-

Mineralölwirtschaft

	1957	1967	1977
	Mrd DM		
Bilanzsumme	3,2	10,1	23,3
davon entfielen auf	Anteil in Prozent		
Sachanlagen	41,5	46,0	26,7
Finanzanlagen	3,8	13,3	14,5
Anlagevermögen	45,3	59,3	41,2
Umlaufvermögen	53,7	39,7	57,4
Grundkapital	37,0	27,0	21,4
Rücklagen	10,9	4,6	8,3
Eigenkapital	47,9	31,6	29,7
Rückstellungen	7,4	6,6	13,8
Langfristige Verbindlichkeiten	7,3	10,5	9,8
Kurzfristige Verbindlichkeiten	36,6	50,8	46,4
Fremdkapital	51,3	67,9	70,0
Bilanzgewinn oder -verlust	0,5	0,2	− 1,0

zutreffen, deren Grundkapital sich in Händen von ausländischen Muttergesellschaften befindet. In der gesamten Industrie besteht dagegen das Eigenkapital der Aktiengesellschaften zu mehr als der Hälfte aus Rücklagen. Die langfristigen Verbindlichkeiten besitzen ein verhältnismäßig geringes Gewicht, aber nicht ganz die Hälfte der Bilanzsumme betrifft kurzfristige Schulden. Das Geschäftsjahr 1977 wurde noch mit Verlust abgeschlossen, während 1978 von den Gesellschaften teilweise erhebliche Gewinne erzielt wurden. Für das Geschäftsjahr 1979 ist mit einer weiteren Verbesserung der Ertragslage zu rechnen.

Relationen aus den Erfolgsrechnungen

	1967	1977
	Mrd DM	
Umsatz	14,6	55,6
Rohertrag	7,7	17,7
Verhältnis einzelner Positionen	in Prozent	
Rohertrag/Umsatz	53,2	31,8
Personalkosten/Rohertrag	7,0	10,9
Gewinnsteuern/Rohertrag	1,0	2,3
Jahresüberschuß/Rohertrag	0,1	−
Dividende in Prozent	0,7	0,0

In dem Zeitraum von 1967 bis 1977 stieg der Umsatz nahezu um das Vierfache. Die erheblich gestiegenen Materialkosten führten zu einem beträchtlichen Rückgang der Rohertragsquote. In dem ausgesprochen kapitalintensiven Wirtschaftszweig liegt der Anteil der Personalaufwendungen am Rohertrag unter 10 Prozent. In der gesamten Industrie wird dagegen im Durchschnitt mehr als die Hälfte des Rohertrages durch den Personalaufwand aufgezehrt. Die Mineralölindustrie wird von den ständig steigenden Lohnkosten in wesentlich geringerem Umfang als die meisten übrigen Wirtschaftszweige betroffen. Die Bezüge von Vorstand und Aufsichtsrat beliefen sich im Geschäftsjahr 1977 auf 2,6 Mio bzw. 130 000 DM je Gesellschaft.

Wertschöpfung

	1967	1977
	Mrd DM	
Wertschöpfung insgesamt	6,3	11,1
davon erhielten	in Prozent	
Mitarbeiter	9,7	13,7
Staat	84,6	82,7
Gläubiger	3,4	3,2
Aktionäre	1,9	0,0
Unternehmen	0,4	0,4

Von der Wertschöpfung der Mineralölgesellschaften erhält der Staat, vor allem durch die Mineralölsteuer, den weitaus größten Teil. Mehr als vier Fünftel fließen an die öffentliche Hand. Der Anteil der Mitarbeiter nahm zwar zu, er liegt aber noch niedriger als in der Energiewirtschaft. Die Aktionäre gingen im Geschäftsjahr 1977 leer aus, und in den Unternehmen verblieb ein verhältnismäßig geringer Teil zur Rücklagenbildung. Ab Geschäftsjahr 1978 ergibt sich eine wesentliche Änderung, die den Aktionären nach durchweg mehreren dividendenlosen Jahren wieder eine Gewinnausschüttung brachte.

5. Kunststoff-, Gummi- und Asbestindustrie

Bedeutung und Größenklassen der Aktiengesellschaften: Mit der Herstellung und Verarbeitung von Kunststoffen, Gummi und Asbest befassen sich 3 200 Unternehmen, die jährlich rund 25 Mrd DM umsetzen. Ein Viertel des Umsatzes entfällt auf 27 Aktiengesellschaften, die zu Beginn des Jahres 1979 über insgesamt 1,0 Mrd DM Grundkapital verfügten. Über die Hälfte der Gesellschaften besaß bis zu 10 Mio DM und ein Drittel 10 bis 100 Mio DM Nominalkapital. Zwei Gesellschaften sind mit mehr als 100 Mio DM Grundkapital ausgestattet. Von 8 Unternehmen mit insgesamt 466 Mio DM Grundkapital sind die Aktien an der Börse eingeführt. Zu den größeren Börsengesellschaften werden gerechnet:

Kunststoff-, Gummi- und Asbestindustrie

	Grundkapital Mio DM	Anzahl der Aktionäre
Continental Gummi-Werke	270	10 000
DLW (Deutsche Linoleumwerke)	58	3 000
Pegulan-Werke	42	5 000
Phoenix	50	3 000

Bilanzstruktur: Die Sachanlagen, die sich bis zum Geschäftsjahr 1967 auf etwas mehr als zwei Fünftel der Bilanzsumme erhöht hatten, verminderten sich bis 1977 auf rund ein Drittel. Die Finanzanlagen sind von geringerer Bedeutung. Sie beliefen sich 1977 auf knapp 7 Prozent des Bilanzvolumens. Das Schwergewicht der Aktiva liegt unverändert beim Umlaufvermögen.

	1957	1967	1977
	Mrd DM		
Bilanzsumme	0,8	2,0	4,7
davon entfielen auf	Anteil in Prozent		
Sachanlagen	31,1	41,4	34,0
Finanzanlagen	2,2	5,1	6,5
Anlagevermögen	33,3	46,5	40,5
Umlaufvermögen	65,7	52,8	57,8
Grundkapital	28,7	24,7	19,8
Rücklagen	15,4	16,4	7,9
Eigenkapital	44,1	41,1	27,7
Rückstellungen	25,7	17,2	15,8
Langfristige Verbindlichkeiten	5,3	12,6	17,1
Kurzfristige Verbindlichkeiten	20,8	25,5	37,7
Fremdkapital	51,8	55,3	70,6
Bilanzgewinn	3,1	3,5	1,7

Die Eigenkapitalquote, die 1967 noch mehr als zwei Fünftel des Bilanzvolumens betrug, verschlechterte sich deutlich. Im Geschäftsjahr 1977 belief sich ihr Anteil nur noch auf etwas mehr als ein Viertel der Bilanzsumme. Die ungünstige Ertragslage führte dazu, daß die Rücklagen verhältnismäßig geringe Zuweisungen erhielten. Ihr Anteil am Bilanzvolumen ging während des letzten Jahrzehnts um die Hälfte zurück. Unter den fremden Mitteln nahmen die kurzfristigen Schulden kräftig zu.

Branchenanalysen

Relationen aus den Erfolgsrechnungen

	1967	1977
	Mrd DM	
Umsatz	2,6	6,7
Rohertrag	1,5	3,4
Verhältnis einzelner Positionen	in Prozent	
Rohertrag/Umsatz	56,3	51,2
Personalkosten/Rohertrag	55,2	67,3
Gewinnsteuern/Rohertrag	5,3	5,0
Jahresüberschuß/Rohertrag	7,7	2,0
Dividende in Prozent	13,7	8,5

Die Rohertragsquote ging auf rund 50 Prozent zurück. Zwei Drittel des Rohertrags werden durch Personalkosten beansprucht. Die Ertragslage der Gesellschaften verschlechterte sich besonders stark im Bereich der Gummiindustrie, während in anderen Zweigen vor allem bei DLW, aber auch bei den Pegulan-Werken, durchaus gute Erträge erzielt wurden. Die Gesamtbezüge des Vorstands und des Aufsichtsrats betrugen 1977 je Gesellschaft 882 000 bzw. 41 000 DM.

Wertschöpfung

	1967	1977
	Mrd DM	
Wertschöpfung insgesamt	1,2	2,7
davon erhielten	in Prozent	
Mitarbeiter	72,2	85,6
Staat	14,0	7,0
Gläubiger	3,7	4,8
Aktionäre	6,0	2,5
Unternehmen	4,1	0,1

Der Teil der Wertschöpfung, der an die Mitarbeiter der Unternehmen gelangt, erhöhte sich bis auf 85 Prozent. Der Anteil des Staates verminderte sich um die Hälfte, während der Zinsaufwand auf 5 Prozent stieg. Den Aktionären und den Unternehmen verblieben zusammen weniger als 3 Prozent. Ein Jahrzehnt zuvor hatten beide Gruppen noch ein Zehntel der Wertschöpfung erhalten.

6. Steine, Erden, Feinkeramik und Glas

Bedeutung und Größenklassen der Aktiengesellschaften: Mehr als 6 000 Unternehmen befassen sich mit der Herstellung und Verarbeitung von Steinen, Erden, Feinkeramik und Glas. Ihr Umsatz, der weitgehend von der Baukonjunktur abhängt, beträgt rund 35 Mrd DM. Zu Beginn des Jahres 1979 waren in diesem Wirtschaftszweig *66 Aktiengesellschaften* mit insgesamt 1,3 Mrd DM Grundkapital tätig, auf die etwas mehr als ein Fünftel des Branchenumsatzes entfiel. Drei Fünftel der Aktiengesellschaften besaßen ein Grundkapital bis zu 10 Mio DM und etwas mehr als ein Drittel gehören zur Größenklasse über 10 bis 100 Mio DM. Nur zwei Gesellschaften verfügten über ein Grundkapital, das 100 Mio DM überstieg. Von 16 Gesellschaften mit insgesamt 444 Mio DM Grundkapital sind die Aktien an einer Wertpapierbörse eingeführt. Zu den größeren Gesellschaften, die neben Großaktionären auch eine Anzahl Kleinaktionäre haben, gehören folgende Unternehmen:

	Grundkapital Mio DM	Anzahl der Aktionäre
Didier-Werke	82	15 000
Dyckerhoff Zementwerke	93	15 000
Flachglas	136	2 000
Gerresheimer Glas	91	1 000
Heidelberger Zement	108	1 000
Rosenthal	30	6 000

Die Veränderungen in der **Bilanzstruktur** hielten sich trotz erheblicher Schwankungen der Konjunktur im langfristigen Vergleich in engeren Grenzen. Die Rezession in der Mitte der siebziger Jahre und der folgende Schrumpfungsprozeß, der nicht nur die Bauindustrie sondern auch ihre Zulieferer betraf, blieb zwar auf die Aktiengesellschaften nicht ohne Einfluß. Es gelang diesen Unternehmen jedoch, die Rezession wesentlich besser zu überwinden als der größte Teil der übrigen Unternehmen.

Das Schwergewicht des Vermögens liegt unverändert bei den Anlagen. Die Finanzanlagen gewannen gegenüber den Sachanlagen jedoch zunehmend an Bedeutung. Das Umlaufvermögen veränderte seinen Anteil an der Bilanzsumme in der langfristigen Entwicklung nur geringfügig.

Die Eigenkapitalquote liegt erheblich über dem Durchschnitt der Industrie-Aktiengesellschaften. Das Grundkapital übersteigt im Branchendurchschnitt die offenen Reserven. In der Zusammensetzung der fremden Mittel traten keine wesentlichen Änderungen ein. Das größte Gewicht besitzen die Rückstellungen vor den kurzfristigen und langfristigen Verbindlichkeiten.

	1957	1967	1977
	Mrd DM		
Bilanzsumme	1,5	3,4	5,9
davon entfielen auf	Anteil in Prozent		
Sachanlagen	43,9	48,5	39,3
Finanzanlagen	7,8	7,7	15,6
Anlagevermögen	51,7	56,2	54,9
Umlaufvermögen	47,7	43,4	44,3
Grundkapital	26,2	24,7	21,6
Rücklagen	19,1	18,6	17,3
Eigenkapital	45,3	43,3	38,9
Rückstellungen	20,1	17,7	22,5
Langfristige Verbindlichkeiten	11,5	17,9	17,7
Kurzfristige Verbindlichkeiten	20,0	17,7	19,6
Fremdkapital	51,6	53,3	59,8
Bilanzgewinn	2,3	3,4	1,3

Relationen aus den Erfolgsrechnungen

	1967	1977
	Mrd DM	
Umsatz	4,0	7,0
Rohertrag	2,5	4,2
Verhältnis einzelner Positionen	in Prozent	
Rohertrag/Umsatz	61,7	59,9
Personalkosten/Rohertrag	44,7	56,2
Gewinnsteuern/Rohertrag	7,7	5,6
Jahresüberschuß/Rohertrag	6,6	1,8
Dividende in Prozent	12,1	6,6

Die Rohertragsquote ging geringfügig zurück, während die Personalkosten kräftig zunahmen. Die Gewinnsteuern, der Jahresüberschuß und die Durchschnittsdividende waren als Folge einer nachhaltigen Verschlechterung der Ertragslage in erheblichem Maß rückläufig. Vorstand und Aufsichtsrat erhielten 1977 je Gesellschaft 742 000 bzw. 81 000 DM als Gesamtbezüge. Das Geschäftsjahr 1978 brachte den Gesellschaften durchweg wieder bessere Ergebnisse. Auch für 1979 zeichnen sich vielfach günstige Abschlüsse ab.

Eisen- und Stahlerzeugung

Wertschöpfung

	1967	1977
	Mrd DM	
Wertschöpfung insgesamt	1,8	2,9
davon erhielten	in Prozent	
Mitarbeiter	66,6	81,3
Staat	19,5	8,4
Gläubiger	3,4	4,1
Aktionäre	6,2	2,6
Unternehmen	4,3	3,6

Die Mitarbeiter der Gesellschaften erhöhten ihren Anteil an der Wertschöpfung von zwei Drittel auf mehr als vier Fünftel. Der Anteil des Zinsaufwandes für die Gläubiger stieg an. Die Aktionäre erhielten im Geschäftsjahr 1977 weniger als drei Prozent der Wertschöpfung, während ein etwas größerer Teil, nämlich 3,6 Prozent in den Unternehmen zur Aufstockung der offenen Reserven verblieb.

7. Eisen- und Stahlerzeugung

Bedeutung und Größenklassen der Aktiengesellschaften: Die Eisen- und Stahlindustrie wurde in den beiden letzten Jahrzehnten mehrfach durch länger anhaltende Schwierigkeiten betroffen. Die Zuwachsraten des Verbrauchs nahmen in geringerem Umfang als ursprünglich erwartet zu. Die Kapazitäten erfuhren teilweise eine zu starke Ausweitung. Die Diversifikation der Eisen- und Stahlindustrie gewann im letzten Jahrzehnt erheblich an Bedeutung, so daß die Konjunkturabhängigkeit von der unmittelbaren Eisen- und Stahlproduktion vermindert werden konnte. Unter einer ausgesprochen schwachen Ertragslage, die sich erst ab Geschäftsjahr 1978 wieder zu bessern begann, litt die Geschäftsentwicklung der rund 150 Unternehmen mit einem Gesamtumsatz von etwa 60 Mrd DM. Mehr als drei Viertel des Umsatzes erwirtschafteten 37 Aktiengesellschaften, die mit insgesamt 5,6 Mrd DM Grundkapital ausgestattet sind. Jeweils rund ein Drittel der Eisen- und Stahlgesellschaften fallen in die drei Größenklassen bis zu 10 Mio DM, über 10 bis 100 Mio DM und über 100 Mio DM. Von 14 Unternehmen mit insgesamt 4,4 Mrd DM Grundkapital sind die Aktien an der Börse eingeführt. Als Publikumsgesellschaften gelten:

	Grundkapital Mio DM	Anzahl der Aktionäre
Hoesch	569	110 000
Klöckner	447	40 000
Mannesmann	949	200 000
Thyssen	1 299	230 000

Branchenanalysen

Die Hoesch AG fungiert als Holdinggesellschaft. Ihr Vermögen wurde in die Zentralgesellschaft Estel N. V. in Arnheim/Niederlande eingebracht.

Bilanzstruktur: Das Anlagevermögen verminderte sich in der langfristigen Entwicklung leicht. Die weitgehend aus Beteiligungen bestehenden Finanzanlagen besitzen ein erhebliches Gewicht. Mehr als zwei Fünftel der Bilanzsumme ist dem Umlaufvermögen zuzurechnen.

	1957	1967	1977
	Mrd DM		
Bilanzsumme	14,2	23,7	36,7
davon entfielen auf	Anteil in Prozent		
Sachanlagen	54,9	53,8	39,3
Finanzanlagen	6,9	14,9	15,1
Anlagevermögen	61,8	68,7	54,4
Umlaufvermögen	37,8	30,7	44,7
Grundkapital	19,9	21,5	14,9
Rücklagen	22,2	16,2	15,7
Eigenkapital	42,1	37,7	30,6
Rückstellungen	13,8	14,3	19,5
Langfristige Verbindlichkeiten	18,1	26,4	24,8
Kurzfristige Verbindlichkeiten	24,8	20,8	24,4
Fremdkapital	56,7	61,5	68,7
Bilanzgewinn	0,7	0,8	0,7

Die einstmals gute Eigenkapitalausstattung verschlechterte sich nachhaltig. Die ungünstige Ertragslage führte dazu, daß die offenen Reserven in etwas geringerem Umfang als das Grundkapital aufgestockt wurden. Nunmehr entfallen jeweils etwa 15 Prozent des Bilanzvolumens auf das Nominalkapital bzw. auf die Rücklagen. Der Anteil der kurz- und langfristigen Schulden beläuft sich auf jeweils ein Viertel der Bilanzsumme.

Relationen aus den Erfolgsrechnungen

	1967	1977
	Mrd DM	
Umsatz	21,0	38,0
Rohertrag	9,4	14,4
Verhältnis einzelner Positionen	in Prozent	
Rohertrag/Umsatz	45,0	37,9
Personalkosten/Rohertrag	56,8	72,8
Gewinnsteuern/Rohertrag	3,6	5,5
Jahresüberschuß/Rohertrag	2,6	0,5
Dividende in Prozent	5,3	7,0

Die Rohertragsquote betrug in dem für die Eisen- und Stahlindustrie besonders schwierigen Jahr 1977 weniger als zwei Fünftel. Die Personalkosten nahmen einen erheblich größeren Teil des Rohertrags in Anspruch als 1967. Der Jahresüberschuß ging zurück. Die Zahlung einer Dividende, sofern überhaupt Gewinne ausgeschüttet wurden, erfolgte teilweise aus der Substanz und nicht aus dem Ertrag. An Gesamtbezügen erhielten 1977 Vorstand und Aufsichtsrat 1,9 Mio bzw. 192 000 DM je Gesellschaft.

Wertschöpfung

	1967	1977
	Mrd DM	
Wertschöpfung insgesamt	7,5	13,0
davon erhielten	in Prozent	
Mitarbeiter	74,6	80,5
Staat	12,6	7,3
Gläubiger	8,2	8,0
Aktionäre	2,9	2,6
Unternehmen	1,7	1,6

Vier Fünftel der Wertschöpfung beanspruchen die Mitarbeiter. Der auf die Gläubiger entfallende Teil übertraf mit 8 Prozent noch den Anteil des Staates, da infolge der schlechten Ertragslage der Anteil der gewinnabhängigen Steuern rückläufig war. Den Aktionären und den Unternehmen verblieb insgesamt etwas mehr als 4 Prozent.

8. NE-Metallindustrie

Bedeutung und Größenklassen der Aktiengesellschaften: In der NE-Metallindustrie sind etwa 250 Unternehmen tätig, die einen Umsatz von annähernd 25 Mrd DM erreichen. Zwei Drittel des Umsatzes entfällt auf 13 Aktiengesellschaften, die zu Beginn des Jahres 1979 ein Grundkapital von insgesamt 797 Mio DM besaßen. Jeweils 5 Gesellschaften verfügten über ein Kapital bis zu 10 Mio DM bzw. über 10 bis 100 Mio DM. Drei weitere Gesellschaften hatten ein Nominalkapital von mehr als 100 Mio DM. Von 5 Unternehmen mit insgesamt 649 Mio DM Grundkapital wurden die Aktien an der Börse notiert. Das bedeutendste Unternehmen dieses Wirtschaftszweiges ist die Metallgesellschaft in Frankfurt am Main mit einem Grundkapital von 210 Mio DM, an der neben drei Großaktionären auch zahlreiche Kleinaktionäre beteiligt sind.

Bilanzstruktur: Im letzten Jahrzehnt veränderte sich die Aktivseite der Bilanz nur geringfügig. Knapp ein Viertel der Bilanzsumme betrifft Sach- und rund ein Siebentel Finanzanlagen. Etwas mehr als drei Fünftel des Bilanzvolumens wird vom Umlaufvermögen in Anspruch genommen, und zwar rund die Hälfte durch Vorräte.

	1957	1967	1977
	Mrd DM		
Bilanzsumme	1,2	3,2	6,6
davon entfielen auf	Anteil in Prozent		
Sachanlagen	34,2	23,8	23,5
Finanzanlagen	5,8	13,5	14,6
Anlagevermögen	40,0	37,3	38,1
Umlaufvermögen	58,9	59,0	61,8
Grundkapital	23,8	17,5	13,6
Rücklagen	18,8	14,3	11,3
Eigenkapital	42,6	31,8	24,9
Rückstellungen	18,7	19,8	11,8
Langfristige Verbindlichkeiten	11,8	14,2	19,1
Kurzfristige Verbindlichkeiten	23,3	32,3	43,2
Fremdkapital	53,8	66,3	74,1
Bilanzgewinn	1,8	2,0	1,0

Der Anteil der Eigenmittel an der Bilanzsumme verminderte sich ständig. Innerhalb eines Zeitraums von zwei Jahrzehnten ging die Eigenkapitalquote von 43 auf 25 Prozent zurück. Unter den Fremdmitteln gewannen die kurzfristigen Schulden ein immer größeres Gewicht. Gemessen an der Bilanzsumme beträgt der Anteil der kurzfristigen Verbindlichkeiten mehr als zwei Fünftel, während knapp ein Fünftel den langfristigen Verbindlichkeiten und etwas mehr als ein Zehntel den Rückstellungen zuzurechnen sind.

Relationen aus den Erfolgsrechnungen

	1967	1977
	Mrd DM	
Umsatz	5,9	11,3
Rohertrag	1,3	2,7
Verhältnis einzelner Positionen	in Prozent	
Rohertrag/Umsatz	22,4	23,6
Personalkosten/Rohertrag	49,6	58,4
Gewinnsteuern/Rohertrag	9,4	6,4
Jahresüberschuß/Rohertrag	7,5	2,8
Dividende in Prozent	11,2	5,9

Die an sich niedrige Rohertragsquote verbesserte sich leicht. Fast drei Fünftel des Rohertrages beanspruchen die Personalkosten. Die Ertragslage der Gesellschaften verschlechterte sich deutlich. Die gewinnabhängigen Steuern, der Jahresüberschuß und die Dividende gingen erheblich zurück. Für den Vorstand und Aufsichtsrat wurden im Geschäftsjahr 1977 je Gesellschaft 1,2 Mio bzw. 91 000 DM an Gesamtbezügen aufgewendet. Für das Geschäftsjahr 1978 ergab sich eine Verbesserung der Erträge, die sich 1979 weiter fortsetzte.

Wertschöpfung

	1967	1977
	Mrd DM	
Wertschöpfung insgesamt	1,0	2,0
davon erhielten	in Prozent	
Mitarbeiter	63,5	78,5
Staat	20,4	8,9
Gläubiger	5,9	8,5
Aktionäre	6,4	2,2
Unternehmen	3,8	1,9

Die Aufwendungen für die Mitarbeiter nehmen rund vier Fünftel der Wertschöpfung in Anspruch. Der Staat erhielt aufgrund der verschlechterten Ertragslage einen wesentlich geringeren Teil als ein Jahrzehnt zuvor. Das Gewicht der Zinsen für Fremdkapital nahm zu. Die Gläubiger erreichten 1977 fast die Quote des Staates. Der Anteil der Aktionäre und der in den Unternehmen verbleibende Teil, der 1967 noch insgesamt bei einem Zehntel der Wertschöpfung lag, verminderte sich auf 4 Prozent.

9. Stahl- und Leichtmetallbau

Bedeutung und Größenklassen der Aktiengesellschaften: Im Stahl- und Leichtmetallbau gibt es mehr als 2 000 Unternehmen. Von ihrem Umsatz, der bei rund 20 Mrd DM liegt, erzielen 14 Aktiengesellschaften ein Viertel. Das Grundkapital dieser Gesellschaften betrug Anfang 1979 insgesamt 374 Mio DM. Mehr als die Hälfte der Gesellschaften arbeitete mit einem Grundkapital bis zu 10 Mio DM, während die übrigen Unternehmen, abgesehen von einer Ausnahme, in die Größenklasse über 10 bis 100 Mio DM gehören. Ein Großunternehmen besitzt eine Kapitalausstattung von 250 Mio DM. Von 6 Unternehmen mit insgesamt 293 Mio DM Grundkapital sind die Aktien zum amtlichen Handel oder geregelten Freiverkehr zugelassen. Unter den börsennotierten Gesellschaften befindet sich als Publikumsgesellschaft die Deutsche Babcock AG in Oberhausen mit 250 Mio DM Grundkapital und rund 13 000 Aktionären. Pakete von 25 bzw. 5 Prozent des Grundkapitals befinden sich in Besitz des Staates Iran bzw. der Berliner Handels- und Frankfurter Bank. Die Anzahl der Aktiengesellschaften ging in die-

Branchenanalysen

sem Wirtschaftszweig innerhalb von zwanzig Jahren um mehr als die Hälfte zurück.

Die **Bilanzstruktur** der Gesellschaften ist durch einen geringen Anteil des Anlagevermögens an der Bilanzsumme gekennzeichnet. Nur ein Siebentel des Bilanzvolumens entfällt auf Anlagen, bei denen inzwischen die Finanzanlagen ein größeres Gewicht als die Sachanlagen besitzen. Mehr als vier Fünftel des Bilanzvolumens gehören zum Umlaufvermögen, und zwar sind hier die in Bau befindlichen Anlagen von besonderer Bedeutung.

	1957	1967	1977
	Mrd DM		
Bilanzsumme	1,3	1,2	3,3
davon entfielen auf	Anteil in Prozent		
Sachanlagen	19,8	16,3	5,4
Finanzanlagen	1,5	6,8	8,6
Anlagevermögen	21,3	23,1	14,0
Umlaufvermögen	78,5	76,6	85,8
Grundkapital	10,4	14,6	9,1
Rücklagen	8,9	11,4	14,3
Eigenkapital	19,3	26,0	23,4
Rückstellungen	17,2	20,1	11,1
Langfristige Verbindlichkeiten	4,1	4,3	3,5
Kurzfristige Verbindlichkeiten	58,3	47,8	60,9
Fremdkapital	79,6	72,2	75,5
Bilanzgewinn	0,6	1,6	1,0

Da die Anlagen ein geringes Gewicht besitzen, ergibt sich auch eine verhältnismäßig niedrige Eigenkapitalquote. Die offenen Rücklagen der Gesellschaften übersteigen das Grundkapital. Vom Fremdkapital, drei Viertel des Bilanzvolumens, betreffen wiederum vier Fünftel kurzfristige Schulden. Die langfristigen Verbindlichkeiten sind in diesem Wirtschaftszweig besonders niedrig.

Relationen aus den Erfolgsrechnungen

	1967	1977
	Mrd DM	
Umsatz	1,2	1,9
Rohertrag	0,6	1,2
Verhältnis einzelner Positionen	in Prozent	
Rohertrag/Umsatz	49,5	61,8
Personalkosten/Rohertrag	65,8	69,6
Gewinnsteuern/Rohertrag	4,4	6,4
Jahresüberschuß/Rohertrag	4,8	1,2
Dividende in Prozent	11,6	14,3

Die Rohertragsquote konnte nachhaltig verbessert werden. Die Zunahme der Personalkosten erfolgte, gemessen am Rohertrag, in nur geringem Umfang. Zwar war der Jahresüberschuß im Verhältnis zum Rohertrag rückläufig, aber der Anteil der Gewinnsteuern und der Dividendensatz nahmen zu. Die Ertragslage bietet ein durchweg günstiges Bild. Je Gesellschaft beliefen sich die Gesamtbezüge des Vorstands und Aufsichtsrats auf 809 000 bzw. 82 000 DM. In den Geschäftsjahren 1978 und 1979 entwickelte sich die Ertragslage weiterhin günstig.

Wertschöpfung

	1967	1977
	Mrd DM	
Wertschöpfung insgesamt	0,5	1,0
davon erhielten	in Prozent	
Mitarbeiter	80,5	83,9
Staat	11,8	8,4
Gläubiger	1,7	2,5
Aktionäre	3,6	4,8
Unternehmen	2,4	0,4

Von der Wertschöpfung flossen mehr als vier Fünftel an die Mitarbeiter. Der unmittelbare Anteil des Staates fiel unter ein Zehntel. Während der Anteil der Gläubiger leicht zunahm, besitzt er aber weiterhin nur ein geringes Gewicht. Mit fast 5 Prozent erreichen die Aktionäre in diesem Wirtschaftszweig nach der Energiewirtschaft und der Chemischen Industrie einen verhältnismäßig hohen Anteil.

10. Maschinenbau

Bedeutung und Größenklassen der Aktiengesellschaften: In der Bundesrepublik gehört der Maschinenbau, der stark exportorientiert ist, zu den wichtigsten Wirtschaftszweigen. Unter den mehr als 6 000 Maschinenbaufirmen liegt das zahlenmäßige Schwergewicht bei Personengesellschaften und Gesellschaften mit beschränkter Haftung. Von rund 100 Mrd DM Umsatz entfällt jedoch ein Viertel auf Aktiengesellschaften. Zu Beginn des Jahres 1979 waren in dieser Rechtsform 95 Gesellschaften mit insgesamt 3,0 Mrd DM Grundkapital in den Handelsregistern eingetragen. Jeweils zwei Fünftel dieser Unternehmen besaßen ein Nominalkapital bis zu 10 Mio bzw. über 10 bis 100 Mio DM. Bei 7 Gesellschaften betrug das Grundkapital mehr als 100 Mio DM. Von 41 Unternehmen mit insgesamt 2,2 Mrd DM Grundkapital waren die Aktien zum amtlichen Handel oder geregelten Freiverkehr an der Börse zugelassen. Zu den Gesellschaften mit einem größeren Aktionärskreis gehören:

Branchenanalysen

	Grundkapital Mio DM	Anzahl der Aktionäre
Gutehoffnungshütte	404	30 000
Klöckner-Humboldt-Deutz	265	30 000
Maschinenfabrik Augsburg-Nürnberg	358	10 000
Linde	140	28 000
Schiess	18	10 000
Schubert & Salzer	18	5 000
Thyssen Industrie	470	30 000

In der **Bilanzstruktur** der Maschinenbaugesellschaften traten im langfristigen Vergleich erhebliche Veränderungen ein. Der Anteil der Sachanlagen an der Bilanzsumme, der vor dem Krieg rund 30 und 1967 noch 26 Prozent betrug, belief sich 1977 nur noch auf 13 Prozent. Die Finanzanlagen erfuhren zwar eine leichte Zunahme, aber im Geschäftsjahr 1977 erreichte der Anteil des gesamten Anlagevermögens nur noch ein Fünftel des Bilanzvolumens. Dagegen entfielen zu diesem Zeitpunkt vier Fünftel auf das Umlaufvermögen, das zur Hälfte aus Vorräten, zu zwei Fünftel aus Forderungen und zu einem Zehntel aus flüssigen Mitteln bestand.

	1957	1967	1977
	Mrd DM		
Bilanzsumme	5,6	10,0	26,1
davon entfielen auf	Anteil in Prozent		
Sachanlagen	23,5	26,4	13,4
Finanzanlagen	2,9	4,8	7,7
Anlagevermögen	26,4	31,2	21,1
Umlaufvermögen	72,9	68,5	78,9
Grundkapital	15,4	15,2	9,5
Rücklagen	12,6	11,7	9,1
Eigenkapital	28,0	26,9	18,6
Rückstellungen	16,5	18,6	18,1
Langfristige Verbindlichkeiten	10,2	16,2	7,7
Kurzfristige Verbindlichkeiten	42,3	36,6	54,8
Fremdkapital	69,0	71,4	80,6
Bilanzgewinn	1,5	1,6	0,8

Die Eigenkapitalausstattung der Maschinenbaugesellschaften verschlechterte sich in der langfristigen Entwicklung erheblich. Vor dem Krieg betrug die Eigenkapitalquote rund 50 Prozent der Bilanzsumme. In der Nachkriegszeit setzte eine ständige Verschiebung in Richtung eines immer stärkeren Einsatzes fremder Mittel ein. In den fünfziger und sechziger Jahren entfiel nur noch etwas mehr als ein Viertel des Bilanzvolumens auf eigene Mittel, im Geschäftsjahr 1977 war es weniger als ein Siebentel. Wenn auch das Anlagevermögen in diesem Wirtschaftszweig nur ein geringes Gewicht besitzt, so muß dennoch eine Eigenkapitalquote durch die nicht einmal ein Siebentel der Bilanzsumme gedeckt ist, als zu niedrig angesehen werden. Hierbei ist auch daran zu denken, daß der Maschinenbau sowohl von der Konjunktur auf dem Binnenmarkt als auch von den Exporten in besonderem Maße abhängig ist. Größere konjunkturelle Schwankungen, Änderungen der Währungsparitäten, Anpassungen an die ständigen Veränderungen des technischen Fortschritts, aber auch Zahlungsverzögerungen oder gar Insolvenzen bei den Abnehmern, denen vielfach längere Zahlungsziele eingeräumt werden, erfordern eine stärkere Eigenkapitaldecke.

Innerhalb des Fremdkapitals vollzogen sich Umschichtungen in der Finanzierung, durch die sich das Gesamtbild verschlechterte. Während die Rückstellungen und die langfristigen Verbindlichkeiten an Bedeutung verloren, stieg der Anteil der kurzfristigen Schulden an der Bilanzsumme. Mehr als die Hälfte des Bilanzvolumens entfallen nunmehr auf kurzfristige Schulden. Eine Konsolidierung der Finanzierungsstruktur erscheint daher notwendig.

Relationen aus den Erfolgsrechnungen

	1967	1977
	Mrd DM	
Umsatz	11,3	25,1
Rohertrag	5,9	13,5
Verhältnis einzelner Positionen	in Prozent	
Rohertrag/Umsatz	52,0	53,8
Personalkosten/Rohertrag	60,8	67,4
Gewinnsteuern/Rohertrag	5,1	4,9
Jahresüberschuß/Rohertrag	3,5	2,9
Dividende in Prozent	10,2	9,1

Die Rohertragsquote verbesserte sich leicht. Rund zwei Drittel des Rohertrages wurden im Geschäftsjahr 1977 durch Personalaufwendungen aufgezehrt. Die Ertragslage war im Gesamtdurchschnitt zufriedenstellend. Da sich die Investitionsneigung in der Bundesrepublik sowie in zahlreichen Ländern Westeuropas günstig entwickelte, kann mit einer leichten Verbesserung der Erträge gerechnet werden. Zwischen den einzelnen Sparten des Maschinenbaus bestehen, das sollte nicht unberücksichtigt bleiben, teilweise erhebliche Differenzierungen. Die Gesamtbezüge von Vorstand und Aufsichtsrat beliefen sich 1977 auf 1,0 Mio bzw. 103 000 DM je Gesellschaft.

Branchenanalysen

Wertschöpfung

	1967	1977
	Mrd DM	
Wertschöpfung insgesamt	4,7	10,3
davon erhielten	in Prozent	
Mitarbeiter	78,8	88,4
Staat	11,4	3,3
Gläubiger	4,5	3,8
Aktionäre	3,1	2,6
Unternehmen	2,2	1,9

Fast neun Zehntel der Wertschöpfung fließt nunmehr an die Mitarbeiter, deren Anteil kräftig erhöht wurde. Der Zinsaufwand für die Gläubiger übersteigt inzwischen die Abgaben an den Staat. Die Aktionäre und die Unternehmen erhielten einen Anteil von insgesamt 4,4 Prozent. Die leicht verbesserte Ertragslage in den Geschäftsjahren 1978 und 1979 wird zu einem etwas größeren Anteil an der Wertschöpfung für diese beiden Gruppen führen.

11. Fahrzeugbau

Bedeutung und Größenklassen der Aktiengesellschaften: Die Wirtschaftsgruppe Fahrzeugbau umfaßt in erster Linie Unternehmen der Kraftfahrzeugindustrie, einschließlich Zulieferer, aber auch Gesellschaften, die im Waggonbau tätig sind. Sie erzielt einen Umsatz von rund 100 Mrd DM, von dem mehr als vier Fünftel auf Aktiengesellschaften entfallen. Zu diesem Wirtschaftsbereich gehörten zu Beginn des Jahres 1979 insgesamt 19 Aktiengesellschaften mit zusammen 5,6 Mrd DM Grundkapital. Von 7 Gesellschaften mit insgesamt 4,3 Mrd DM Grundkapital werden die Aktien an der Börse notiert. Zu den Publikumsgesellschaften zählen:

	Grundkapital Mio DM	Anzahl der Aktionäre
Daimler-Benz	1 359	70 000
Volkswagenwerk	1 200	590 000
Bayerische Motoren-Werke	500	18 000
Mercedes-Automobil-Holding	343	50 000

Der Fahrzeugbau ist einer der umsatzstärksten Industriezweige, der gemeinsam mit der Bauindustrie nachhaltige Anregungen für die gesamte Konjunktur bringt. Von einer guten Beschäftigung im Fahrzeugbau werden wichtige Impulse auf andere Wirtschaftszweige übertragen.

Fahrzeugbau

An den Börsen werden Fahrzeug-Aktien seit Jahren besonders lebhaft gehandelt. Von den börsennotierten Aktien betreffen knapp 10 Prozent Auto-Werte, aber von den Umsätzen in deutschen Aktien entfallen rund 15 Prozent auf die vier Publikumswerte dieser Branche.

In der langfristigen Entwicklung der **Bilanzstruktur** der Fahrzeuggesellschaften fällt auf, daß das Anlagevermögen im Verhältnis zur Bilanzsumme in größerem Umfang zurückging und das Umlaufvermögen an Bedeutung gewann. Der Anteil der Sachanlagen verminderte sich nahezu um die Hälfte. Beim Umlaufvermögen blieb während der letzten zwanzig Jahre der Anteil der Vorräte mit 30 bis 33 Prozent nahezu konstant. Die Forderungen, auf die früher 45 Prozent entfielen, gingen auf etwas über 30 Prozent zurück. Die flüssigen Mittel stiegen von rund einem Fünftel des Umlaufvermögens auf mehr als ein Drittel. Fast ein Viertel der Bilanzsumme betrifft diese Position. Die flüssigen Mittel besitzen bei den Gesellschaften des Fahrzeugbaus ein Gewicht, das etwa dreimal so groß ist wie im Durchschnitt aller Industrie-Aktiengesellschaften.

	1957	1967	1977
	Mrd DM		
Bilanzsumme	2,1	12,9	34,6
davon entfielen auf	Anteil in Prozent		
Sachanlagen	47,9	50,5	26,6
Finanzanlagen	0,7	5,3	6,6
Anlagevermögen	48,6	55,8	33,2
Umlaufvermögen	50,8	44,0	66,7
Grundkapital	21,8	19,5	14,6
Rücklagen	10,2	25,9	15,4
Eigenkapital	32,0	45,4	30,0
Rückstellungen	16,3	13,2	33,6
Langfristige Verbindlichkeiten	12,9	11,8	10,0
Kurzfristige Verbindlichkeiten	29,4	23,1	22,5
Fremdkapital	58,6	48,1	66,1
Bilanzgewinn	6,8	1,1	3,8

Die Eigenkapitalbasis verschlechterte sich während des letzten Jahrzehnts um mehr als 15 Prozentpunkte, während sich die Rückstellungen um mehr als 20 Punkte erhöhten. Der Anteil der Verbindlichkeiten, der sich in diesem Zeitraum kaum veränderte, ist im Vergleich zu anderen Wirtschaftszweigen verhältnismäßig niedrig. Der Bilanzgewinn verbesserte sich seit dem Rezessionsjahr 1967. Er liegt wesentlich höher als im Durchschnitt der gesamten Industrie.

Branchenanalysen

Relationen aus den Erfolgsrechnungen

	1967	1977
	Mrd DM	
Umsatz	21,1	74,5
Rohertrag	9,6	32,7
Verhältnis einzelner Positionen	in Prozent	
Rohertrag/Umsatz	45,5	43,9
Personalkosten/Rohertrag	49,8	58,8
Gewinnsteuern/Rohertrag	7,2	14,6
Jahresüberschuß/Rohertrag	8,7	6,2
Dividende in Prozent	22,4	23,2

Der Umsatz und der Rohertrag stiegen seit 1967 um mehr als das Dreifache. Die Rohertragsquote ging geringfügig zurück, die Personalkosten zogen kräftig an. Fast drei Fünftel des Rohertrages werden durch den Personalaufwand aufgezehrt. Die gewinnabhängigen Steuern erhöhten sich kräftig. Der Jahresüberschuß liegt erheblich über dem Gesamtdurchschnitt der Industrie.

Die Aktienkurse der Fahrzeugwerte zeigen durchweg stärkere Schwankungen als der Gesamtdurchschnitt. Bei Kurserholungen ziehen sie kräftiger an, bei rückläufigen Kursen gehen sie meistens stärker als in anderen Wirtschaftszweigen zurück. Es bleibt abzuwarten, ob die gute Ertragslage dieser Branche weiterhin anhält. Den hohen Zuwachsraten der Produktion sind Grenzen gesetzt, und die ausländische Konkurrenz regt sich sehr stark. Auch die jüngste Entwicklung der Ölpreise sowie eine mögliche Benzinverknappung werden nicht ohne Einfluß auf den Fahrzeugmarkt bleiben.

Wertschöpfung

	1967	1977
	Mrd DM	
Wertschöpfung insgesamt	7,0	26,5
davon erhielten	in Prozent	
Mitarbeiter	68,6	72,9
Staat	15,9	18,2
Gläubiger	2,7	1,4
Aktionäre	8,1	4,4
Unternehmen	4,7	3,1

Rund neun Zehntel der Wertschöpfung gelangt an die Mitarbeiter und den Staat, während auf die Kapitalgeber für den Zinsendienst noch nicht einmal 2 Prozent entfallen. Der Zinsaufwand ist im Fahrzeugbau wesentlich niedriger als in anderen Industriezweigen. Gemessen an der gesamten Wertschöpfung ging der Teil, der den Aktionären zufloß bzw. der in den Unternehmen verblieb, auf insgesamt 7,5 Prozent zurück.

12. Elektrotechnik

Bedeutung und Größenklassen der Aktiengesellschaften: Zu dem Bereich der Elektrotechnik gehören zahlreiche Sparten der Investitions- und Verbrauchsgüter, wie Anlagen für die Stromerzeugung und -verteilung, Transformatoren, Bauelemente, Fernmeldekabel, nachrichtentechnische Geräte, Auto-Elektrik, Kfz-Elektronik und EDV-Erzeugnisse sowie Radios, Fernseher, Hausgeräte und Phonotechnik. Es handelt sich um einen der bedeutendsten Industriezweige mit einem breitgefächerten Produktionsprogramm, zu dem mehr als 3 500 Unternehmen mit insgesamt über 100 Mrd DM Umsatz gehören. Auf 41 Aktiengesellschaften mit insgesamt 4,2 Mrd DM Grundkapital entfallen mehr als zwei Fünftel des Branchenumsatzes. Über die Hälfte der Gesellschaften besitzen bis zu 10 Mio DM, über ein Viertel über 10 bis 100 Mio DM und nicht ganz ein Fünftel über 100 Mio DM Grundkapital. Von 19 Unternehmen mit 3,8 Mrd DM Grundkapital sind die Aktien an der Börse zum amtlichen Handel oder geregelten Freiverkehr zugelassen. Als Publikumsgesellschaften gelten:

	Grundkapital Mio DM	Anzahl der Aktionäre
AEG-Telefunken	620	170 000
Brown, Boveri & Cie.	144	10 000
Siemens	1 749	402 000
Standard Elektrik Lorenz	384	40 000
Varta	99	17 000

Bilanzstruktur: Die Bilanzen der Gesellschaften weisen ein verhältnismäßig geringes Anlagevermögen aus, das nur etwas mehr als ein Fünftel der Bilanzsumme beträgt. Nahezu vier Fünftel der Aktiva entfallen auf das Umlaufvermögen, das im Durchschnitt zu 35 Prozent aus Vorräten, zu 45 Prozent aus Forderungen und zu 20 Prozent aus flüssigen Mitteln besteht. Die Außenstände sind in diesem Wirtschaftszweig verhältnismäßig groß. Sie betragen mehr als ein Achtel des Umsatzes und 16 bis 18 Prozent der außenstehenden Forderungen haben im allgemeinen eine Restlaufzeit von mehr als einem Jahr.

Branchenanalysen

	1957	1967	1977
	Mrd DM		
Bilanzsumme	6,3	14,0	41,2
davon entfielen auf	Anteil in Prozent		
Sachanlagen	19,5	21,4	13,0
Finanzanlagen	12,9	7,3	9,2
Anlagevermögen	32,4	28,7	22,2
Umlaufvermögen	67,3	70,9	77,6
Grundkapital	24,3	14,7	9,6
Rücklagen	9,6	15,3	13,7
Eigenkapital	33,9	30,0	23,3
Rückstellungen	16,7	24,1	23,8
Langfristige Verbindlichkeiten	14,7	15,7	12,7
Kurzfristige Verbindlichkeiten	31,4	27,6	38,9
Fremdkapital	62,8	67,4	75,4
Bilanzgewinn	2,6	2,2	0,9

Der Eigenkapitalanteil beträgt weniger als ein Viertel der Bilanzsumme, und zwar besitzen die Rücklagen ein größeres Gewicht als das Grundkapital. Gemessen an der Bilanzsumme entfallen fast zwei Fünftel auf kurzfristige Schulden, knapp ein Viertel auf Rückstellungen und rund ein Achtel auf langfristige Verbindlichkeiten. Der Bilanzgewinn liegt im Branchendurchschnitt recht niedrig.

Relationen aus den Erfolgsrechnungen

	1967	1977
	Mrd DM	
Umsatz	15,7	37,5
Rohertrag	8,8	21,6
Verhältnis einzelner Positionen	in Prozent	
Rohertrag/Umsatz	56,2	57,6
Personalkosten/Rohertrag	61,3	68,8
Gewinnsteuern/Rohertrag	4,6	4,6
Jahresüberschuß/Rohertrag	5,8	3,2
Dividende in Prozent	15,4	9,8

Der Umsatz der Gesellschaften stieg im letzten Jahrzehnt um mehr als das Zweieinhalbfache. Die Rohertragsquote nahm leicht zu. Rund 70 Prozent des Rohertrages nimmt der Personalaufwand in Anspruch. Die Ertragslage erreicht den Gesamtdurchschnitt aller Industrie-Aktiengesellschaften nicht. Vorstand und Aufsichtsrat erhielten 1977 Gesamtbezüge in Höhe von 2,5 Mio DM bzw. 139 000 DM je Gesellschaft. Produktion, Absatz und Auftragseingänge entwickelten sich in den Geschäftsjahren 1978 und 1979 günstig. Der aufgelaufene Bedarf an Investitionsgütern und die verbesserte Lage im Gebrauchsgütergeschäft trugen wesentlich zu einem günstigeren Geschäftsverlauf bei. Es kann mit einer Verbesserung der Ertragslage gerechnet werden.

Wertschöpfung

	1967	1977
	Mrd DM	
Wertschöpfung insgesamt	6,7	17,4
davon erhielten	in Prozent	
Mitarbeiter	78,2	85,1
Staat	10,2	5,9
Gläubiger	3,6	4,6
Aktionäre	4,6	2,8
Unternehmen	3,4	1,6

Fast neun Zehntel der Wertschöpfung geht an die Mitarbeiter. Ein höherer Anteil besteht nur noch in der Bau- sowie Kunststoff-, Gummi- und Asbestindustrie. Der Teil, der an den Staat in Form von Steuern und Abgaben floß, ging erheblich zurück. Weniger als zusammen 5 Prozent der Wertschöpfung erhielten die Aktionäre bzw. verblieb zur Aufstockung der Rücklagen in den Unternehmen.

13. Holz-, Papier- und Druckindustrie

Bedeutung und Größenklassen der Aktiengesellschaften: Rund 12 000 Unternehmen dieses Wirtschaftszweiges erzielen einen Umsatz von 70 Mrd DM. Das Gewicht der Aktiengesellschaften ist mit einem Anteil von 6 Prozent ausgesprochen niedrig. Von 47 Gesellschaften mit insgesamt 679 Mio DM Grundkapital, die Anfang 1979 tätig waren, verfügten vier Fünftel über eine Kapitalausstattung bis zu 10 Mio DM. Über 10 bis 100 Mio DM Grundkapital besaßen 7 Gesellschaften, über 100 Mio DM 2 Gesellschaften. An der Börse sind die Aktien von 15 Unternehmen mit insgesamt 317 Mio DM Grundkapital eingeführt. Zu dem Kreis der Publikumsgesellschaften gehört die PWA Papierwerke Waldhof-Aschaffenburg AG in München mit einem Grundkapital von 200 Mio DM und rund 10 000 Aktionären.

Die **Bilanzstruktur** zeigt eine Abnahme des Anteils der Sachanlagen an der Bilanzsumme. Die Finanzanlagen gingen, gemessen an dem Bilanzvolumen, in den letzten Jahren etwas zurück. Die Hälfte der Bilanzsumme entfällt nunmehr auf das Umlaufvermögen.

Branchenanalysen

	1957	1967	1977
	Mrd DM		
Bilanzsumme	1,2	2,0	2,8
davon entfielen auf	Anteil in Prozent		
Sachanlagen	51,6	49,5	37,3
Finanzanlagen	3,6	15,2	11,6
Anlagevermögen	55,2	64,7	48,9
Umlaufvermögen	44,0	34,7	50,4
Grundkapital	28,1	21,3	19,4
Rücklagen	14,7	15,7	8,3
Eigenkapital	42,8	37,0	27,7
Rückstellungen	17,8	13,7	14,3
Langfristige Verbindlichkeiten	14,3	27,5	25,6
Kurzfristige Verbindlichkeiten	21,5	20,4	31,9
Fremdkapital	53,6	61,6	71,8
Bilanzgewinn	2,1	1,4	0,4

Der Anteil der eigenen Mittel an der Bilanzsumme ging erheblich zurück. Die Rücklagen konnten bei manchen Gesellschaften nicht ausreichend aufgestockt werden. In einigen Fällen führten verlustreiche Abschlüsse sogar zu Auflösungen der Reserven. Weniger als ein Zehntel der Bilanzsumme besteht aus offenen Reserven. Bei den fremden Mitteln gewannen aufgrund der Zunahme des Umlaufvermögens die kurzfristigen Schulden ein größeres Gewicht als die langfristigen Verbindlichkeiten.

Relationen der Erfolgsrechnungen

	1967	1977
	Mrd DM	
Umsatz	2,5	4,3
Rohertrag	1,2	1,9
Verhältnis einzelner Positionen	in Prozent	
Rohertrag/Umsatz	49,8	45,0
Personalkosten/Rohertrag	51,1	57,4
Gewinnsteuern/Rohertrag	3,8	2,3
Jahresüberschuß/Rohertrag	4,6	1,8
Dividende in Prozent	5,4	2,1

Die Rohertragsquote verminderte sich, der Anteil der Personalkosten am Rohertrag erhöhte sich leicht. In diesem Wirtschaftszweig führte die ungünstige Ertragslage zu einem Rückgang der gewinnabhängigen Steuern und des Jahresüberschusses. Die Durchschnittsdividende dieser Branche ist besonders niedrig. Vorstand und Aufsichtsrat bekamen je Gesellschaft eine Gesamtvergütung von 532 000 bzw. 41 000 DM. Für die Geschäftsjahre 1978 und 1979 ist eine leichte Besserung der Ertragslage festzustellen.

Wertschöpfung

	1967	1977
	Mrd DM	
Wertschöpfung insgesamt	0,7	1,3
davon erhielten	in Prozent	
Mitarbeiter	73,7	84,8
Staat	13,0	4,4
Gläubiger	6,8	7,0
Aktionäre	4,3	2,7
Unternehmen	2,2	1,1

Von der Wertschöpfung der Gesellschaften gelangen nunmehr 85 Prozent an die Mitarbeiter. Die Gläubiger erhalten inzwischen eine größere Quote als der Staat. Für die Aktionäre bzw. zur Bildung von offenen Reserven in den Unternehmen verblieben insgesamt weniger als 4 Prozent der Wertschöpfung.

14. Textil- und Bekleidungsgewerbe

Bedeutung und Größenklassen der Aktiengesellschaften: Von mehr als 7 000 Unternehmen des Textil- und Bekleidungsgewerbes, die einen Jahresumsatz von 50 Mrd DM erzielen, wurden zu Beginn des Jahres 1979 insgesamt 80 als Aktiengesellschaften geführt. Ihr Anteil am Umsatz dieses Wirtschaftszweiges beträgt rund 15 Prozent. Das Grundkapital dieser Unternehmen belief sich auf 785 Mio DM. Fast drei Viertel der Gesellschaften besaßen eine Kapitalausstattung bis zu 10 Mio DM. Von 30 Gesellschaften mit insgesamt 379 Mio DM Grundkapital werden die Aktien an der Börse notiert. Zwei Unternehmen gehören zu dem Kreis der Publikumsgesellschaften:

	Grundkapital Mio DM	Anzahl der Aktionäre
Ackermann-Göggingen	28	6 000
Girmes-Werke	40	9 000

Durch Fusionen und Umwandlung in eine andere Rechtsform verminderte sich die Anzahl der Gesellschaften sehr stark. Im Rahmen der amtlichen Bilanzstatistik wurden 1957 noch 170, dagegen 1967 und 1977 nur 117 bzw. 72 Unternehmen registriert.

Diese Entwicklung spiegelt sich in der absoluten Höhe der Bilanzsumme entsprechend wider. Sie lag Ende 1977 erst rund ein Fünftel höher als zwei Jahrzehnte zuvor. Wenn sich auch die Anzahl der Gesellschaften erheblich verminderte, so weist die **Bilanzstruktur** im Vergleich zu anderen Wirtschaftszweigen wesentlich geringere Veränderungen auf.

Die Sachanlagen gingen von einem Drittel auf ein Viertel der Bilanzsumme zurück, während der Anteil der Finanzanlagen nahezu konstant blieb. Mehr als zwei Drittel der Aktiva entfällt auf das Umlaufvermögen.

	1957	1967	1977
	Mrd DM		
Bilanzsumme	3,1	2,8	3,8
davon entfielen auf	Anteil in Prozent		
Sachanlagen	33,3	32,6	24,6
Finanzanlagen	5,8	5,8	5,9
Anlagevermögen	39,1	38,4	30,5
Umlaufvermögen	59,9	61,0	68,2
Grundkapital	27,3	26,6	20,2
Rücklagen	21,2	18,6	12,1
Eigenkapital	48,5	45,2	32,3
Rückstellungen	14,2	12,1	14,5
Langfristige Verbindlichkeiten	7,7	11,4	15,6
Kurzfristige Verbindlichkeiten	25,7	29,3	36,1
Fremdkapital	47,6	52,8	66,2
Bilanzgewinn	2,1	1,9	1,5

Die Eigenmittel der Textil- und Bekleidungsgesellschaften, die 1957 noch fast die Hälfte der Bilanzsumme erreichten, beliefen sich zwei Jahrzehnte später auf knapp ein Drittel. Die Ertragslage ermöglichte in manchen Geschäftsjahren nur eine geringe Dotierung der Rücklagen. Die Erhöhung der fremden Mittel führte vor allem zu einer stärkeren Zunahme der kurzfristigen Schulden.

Relationen aus den Erfolgsrechnungen

	1967	1977
	Mrd DM	
Umsatz	4,4	6,6
Rohertrag	1,9	3,0
Verhältnis einzelner Positionen	in Prozent	
Rohertrag/Umsatz	44,0	44,7
Personalkosten/Rohertrag	56,8	64,6
Gewinnsteuern/Rohertrag	4,8	5,1
Jahresüberschuß/Rohertrag	5,3	3,7
Dividende in Prozent	7,6	7,8

Die Rohertragsquote blieb praktisch unverändert. Der Personalkostenanteil erhöhte sich zwar, aber in geringerem Umfang als in den meisten übrigen Wirtschaftszweigen. Der am Rohertrag gemessene Jahresüberschuß lag noch über dem Durchschnitt aller Industrie-Aktiengesellschaften, aber der Dividendensatz erreichte den Gesamtdurchschnitt nicht. Die Gesamtbezüge des Vorstands und des Aufsichtsrats beliefen sich im Geschäftsjahr 1977 auf 522 000 bzw. 54 000 DM je Gesellschaft.

Wertschöpfung

	1967	1977
	Mrd DM	
Wertschöpfung insgesamt	1,6	2,3
davon erhielten	in Prozent	
Mitarbeiter	71,5	81,7
Staat	16,2	7,4
Gläubiger	4,9	4,4
Aktionäre	5,2	4,3
Unternehmen	2,2	2,2

Die Wertschöpfung des Textil- und Bekleidungsgewerbes entspricht etwa vier Fünftel des Rohertrages. In jüngster Zeit beanspruchen die Personalaufwendungen mehr als 80 Prozent der Wertschöpfung. Der Anteil, der den Aktionären zufloß, verminderte sich, während der Teil, der in den Unternehmen verblieb, in den beiden Vergleichsjahren konstant war.

15. Brauereien

Bedeutung und Größenklassen der Aktiengesellschaften: Unter den rund 1 400 Brauereien der Bundesrepublik besitzen die Aktiengesellschaften ein großes Gewicht. Nahezu die Hälfte des Umsatzes, der sich in den letzten Jahren auf etwa 13 Mrd DM belief, entfiel auf 94 Aktienbrauereien. Ihr Grundkapital betrug zu Beginn des Jahres 1979 insgesamt 776 Mio DM. Drei Viertel der Brauereien besitzen eine Kapitalausstattung bis zu 10 Mio DM. Die übrigen Gesellschaften verfügen über ein Nominalkapital, das in der Größenklasse über 10 bis 50 Mio DM liegt. Nur die größte deutsche Brauerei, die DUB-Schultheissbrauerei AG in Berlin/Dortmund, ist mit mehr als 100 Mio DM Grundkapital ausgestattet. Von 44 Brauereien mit insgesamt 643 Mio DM sind die Aktien an der Börse eingeführt. Zwar sind damit mehr als vier Fünftel des Grundkapitals börsennotiert, aber zu den Publikumsgesellschaften gehört nur die DUB-Schultheiss Brauerei, deren Grundkapital von 151 Mio DM neben den beiden Großaktionären Bayerische Hypotheken- und Wechsel-Bank und Dresdner Bank von weiteren 15 000 Aktionären gehalten wird.

Branchenanalysen

Bilanzstruktur: Beim Anlagevermögen der Brauereien, das rund zwei Drittel der Bilanzsumme ausmacht, gewannen die Finanzanlagen eine immer größere Bedeutung. Mehr als ein Fünftel des Bilanzvolumens entfiel 1977 auf diesen Posten. Hierbei handelt es sich nicht nur um Beteiligungen, sondern auch weitgehend um langfristige Ausleihungen an Gaststätten. Fast zwei Fünftel der Finanzanlagen betrafen im Geschäftsjahr 1977 langfristig zur Verfügung gestellte Kredite.

	1957	1967	1977
	Mrd DM		
Bilanzsumme	1,2	2,4	4,5
davon entfielen auf	Anteil in Prozent		
Sachanlagen	45,3	50,5	45,6
Finanzanlagen	4,2	15,0	22,3
Anlagevermögen	49,5	65,5	67,9
Umlaufvermögen	49,9	34,0	31,7
Grundkapital	26,6	22,8	17,8
Rücklagen	14,0	20,0	22,3
Eigenkapital	40,6	42,8	40,1
Rückstellungen	16,5	15,0	23,7
Langfristige Verbindlichkeiten	12,0	14,1	14,7
Kurzfristige Verbindlichkeiten	25,6	23,8	19,7
Fremdkapital	54,1	52,9	58,1
Bilanzgewinn	2,5	4,2	1,7

Den Brauereien gelang es über einen Zeitraum von mehr als zwanzig Jahren stets mit einer günstigen Eigenkapitalausstattung zu arbeiten. Rund zwei Fünftel der Bilanzsumme entfielen durchweg auf eigene Mittel. Im Laufe der Jahre wurde das Gewicht der Rücklagen immer größer, während der Anteil des Grundkapitals zurückging. Unter den fremden Mitteln ist den Rückstellungen, vor allem den Pensionsverbindlichkeiten, die größte Bedeutung beizumessen.

Relationen aus den Erfolgsrechnungen

	1967	1977
	Mrd DM	
Umsatz	3,3	5,8
Rohertrag	2,4	3,9
Verhältnis einzelner Positionen	in Prozent	
Rohertrag/Umsatz	71,5	67,3
Personalkosten/Rohertrag	28,3	36,8
Gewinnsteuern/Rohertrag	6,8	5,7
Jahresüberschuß/Rohertrag	5,4	2,4
Dividende in Prozent	15,9	10,5

Die Rohertragsquote, die in den letzten Jahren leicht rückläufig war, lag im Durchschnitt bei zwei Drittel des Umsatzes. Die Personalkosten besitzen ein geringeres Gewicht als in den meisten übrigen Wirtschaftszweigen. Über einen langen Zeitraum war die Ertragslage der Brauereien günstig, so daß sie ihren Aktionären durchweg eine hohe Dividende zahlen konnten. In jüngster Zeit trat in der Ertragsentwicklung ein Wendepunkt ein. Der Umsatz begann zu stagnieren, bei manchen Gesellschaften ging er sogar zurück. Die stark vergrößerten Kapazitäten konnten vielfach nicht mehr voll ausgenutzt werden. Einige Gesellschaften schlossen daher das Geschäftsjahr nur noch mit einem ausgeglichenen Ergebnis oder sogar mit einem Verlust ab. Vorstand und Aufsichtsrat erhielten im Geschäftsjahr 1977 je Gesellschaft 487 000 bzw. 68 000 DM an Gesamtbezügen.

Wertschöpfung

	1967	1977
	Mrd DM	
Wertschöpfung insgesamt	1,8	2,6
davon erhielten	in Prozent	
Mitarbeiter	40,5	58,0
Staat	46,6	33,4
Gläubiger	2,7	2,7
Aktionäre	5,1	3,5
Unternehmen	5,1	2,4

Von der Wertschöpfung der Brauereien fließt ein wesentlicher Teil an den Staat. Dieser hohe Anteil ist auf die Biersteuer zurückzuführen, die in den Umsätzen der Gesellschaften mit enthalten ist. Der Anteil für Personalkosten und Zinsen liegt niedriger als in den meisten übrigen Industriezweigen. Der Teil der Wertschöpfung, den die Aktionäre erhielten und der in den Unternehmen verblieb, ging wegen der verschlechterten Ertragslage deutlich zurück.

16. Nahrungs- und Genußmittel

Bedeutung und Größenklassen der Aktiengesellschaften: In dieser Wirtschaftsgruppe, die von den Konjunkturschwankungen durchweg in geringerem Umfang als andere Bereiche betroffen wird, besitzen die Aktiengesellschaften ein geringes Gewicht. Von einem Umsatz von 110 Mrd DM, den rund 6 000 Unternehmen erzielen, entfällt nur ein Zehntel auf 76 Aktiengesellschaften mit insgesamt 934 Mio DM Grundkapital. Darunter befinden sich 24 Zuckerfabriken mit insgesamt 171 Mio DM Grundkapital. Vier Fünftel aller Gesellschaften verfügen über ein Grundkapital bis zu 10 Mio DM. Von 16 Gesellschaften sind die Aktien an der Börse eingeführt. Zu dem Kreis der Publikumsgesellschaften ist aus dem gesamten Bereich der Nahrungs- und Genußmittelindustrie nur die Süddeutsche

Zucker AG in Mannheim zu rechnen. Ihr Grundkapital von 78 Mio DM wird von mehreren Großaktionären sowie von etwa 9 000 Kleinaktionären gehalten.

Bilanzstruktur: Die Struktur des Vermögens veränderte sich im langfristigen Vergleich kaum. Hervorzuheben ist eine leichte Zunahme der Finanzanlagen durch den Erwerb von Beteiligungen. Mehr als drei Fünftel des Bilanzvolumens entfällt auf das Umlaufvermögen.

	1957	1967	1977
	Mrd DM		
Bilanzsumme	1,6	2,8	5,8
davon entfielen auf	Anteil in Prozent		
Sachanlagen	25,8	30,1	28,2
Finanzanlagen	6,9	6,1	9,3
Anlagevermögen	32,7	36,2	37,5
Umlaufvermögen	66,6	63,3	62,2
Grundkapital	27,3	18,4	15,0
Rücklagen	13,9	14,9	16,2
Eigenkapital	41,2	33,3	31,2
Rückstellungen	10,2	12,0	18,9
Langfristige Verbindlichkeiten	4,3	8,6	8,8
Kurzfristige Verbindlichkeiten	38,5	43,2	40,0
Fremdkapital	53,0	63,8	67,7
Bilanzgewinn	4,6	2,6	1,7

Die Eigenkapitalquote ging zurück. Es trat eine deutliche Verschiebung zwischen dem Grundkapital und den Rücklagen ein. Ende 1957 war der Anteil des Nominalkapitals an der Bilanzsumme etwa doppelt so groß wie der Anteil der offenen Reserven. Ende 1977 besaßen dagegen die Reserven ein etwas größeres Gewicht als das Grundkapital. Weniger als ein Zehntel der Bilanzsumme betreffen langfristige Verbindlichkeiten.

Relationen aus den Erfolgsrechnungen

	1967	1977
	Mrd DM	
Umsatz	5,8	10,7
Rohertrag	2,8	4,6
Verhältnis einzelner Positionen	in Prozent	
Rohertrag/Umsatz	47,7	42,7
Personalkosten/Rohertrag	23,8	24,9
Gewinnsteuern/Rohertrag	6,1	4,6
Jahresüberschuß/Rohertrag	2,2	2,4
Dividende in Prozent	11,6	11,0

Die Rohertragsquote ging etwas zurück. Die Personalkosten, die nur ein Viertel des Rohertrags ausmachen, erhöhten sich in der Relation geringfügig. Die Ertragslage der Gesellschaften war über einen längeren Zeitraum durchweg zufriedenstellend und nur geringen Veränderungen ausgesetzt. Vorstand und Aufsichtsrat bezogen im Geschäftsjahr 1977 je Gesellschaft 445 000 bzw. 41 000 DM an Vergütungen.

Wertschöpfung

	1967	1977
	Mrd DM	
Wertschöpfung insgesamt	2,2	3,7
davon erhielten	in Prozent	
Mitarbeiter	29,5	30,9
Staat	61,1	61,7
Gläubiger	2,7	3,0
Aktionäre	3,5	2,8
Unternehmen	3,2	1,6

Die Wertschöpfungsrechnung läßt in diesem Industriezweig nur geringe Veränderungen erkennen. Mit drei Fünftel erhält der Staat den weitaus größten Anteil durch indirekte Steuern. In diesem Zusammenhang ist an die Branntwein-, Tabak-, Schaumwein- und Zuckersteuer zu erinnern. Drei Zehntel der Wertschöpfung erhalten die Mitarbeiter, während etwas mehr als 4 Prozent an die Aktionäre gelangen bzw. in den Unternehmen verbleiben.

17. Bauindustrie

Bedeutung und Größenklassen der Aktiengesellschaften: Die rund 7 000 Bauunternehmen mit einem Umsatz von 45 Mrd DM sind größeren konjunkturellen Schwankungen ausgesetzt gewesen. Sowohl in Zeiten der Hochkonjunktur als auch in der Rezession schlägt der Pendel in dieser Branche stärker aus. Die Zinspolitik aber auch das Verhalten der öffentlichen Hand, dem wichtigsten Auftraggeber der Bauindustrie, beeinflussen die wirtschaftliche Aktivität in erheblichem Umfang. Zu Beginn des Jahres 1979 wurden 33 Unternehmen als Aktiengesellschaften geführt, auf die etwa ein Achtel des Bauumsatzes entfiel. Ihr Grundkapital betrug insgesamt 515 Mio DM. Zwei Drittel der Gesellschaften besaßen eine Kapitalausstattung bis zu 10 Mio DM. Von 10 Unternehmen mit insgesamt 390 Mio DM Grundkapital wurden die Aktien an der Börse notiert. Die großen Baugesellschaften sind den Konjunkturschwankungen auf dem Binnenmarkt durch verstärkte Aktivitäten auf den Auslandsmärkten ausgewichen. Das Auslandsgeschäft ist jedoch, wie die Erfahrungen einzelner Gesellschaften zeigen, mit besonderen Risiken verbunden. Zu den bekanntesten Börsengesellschaften, die alle Großaktionäre besitzen, gehören:

	Grundkapital Mio DM	Anzahl der Aktionäre
Bilfinger + Berger	40	5 000
Hochtief	70	5 000
Philipp Holzmann	60	7 000
Strabag	55	3 000

Die **Bilanzstruktur** weicht von anderen Wirtschaftszweigen erheblich ab. Nur ein Zehntel des Vermögens entfällt auf die Anlagen, aber neun Zehntel auf das Umlaufvermögen, und zwar überwiegend auf noch nicht abgerechnete Bauten unter Abzug von Abschlagzahlungen sowie auf Forderungen. Der Anteil des Umlaufvermögens an der Bilanzsumme nahm in der langfristigen Entwicklung kräftig zu.

	1957	1967	1977
	Mrd DM		
Bilanzsumme	0,6	2,5	13,6
davon entfielen auf	Anteil in Prozent		
Sachanlagen	32,2	21,8	9,9
Finanzanlagen	2,0	1,6	1,0
Anlagevermögen	34,2	23,4	10,9
Umlaufvermögen	65,0	76,3	89,0
Grundkapital	12,8	8,1	3,2
Rücklagen	19,4	11,4	4,7
Eigenkapital	32,2	19,5	7,9
Rückstellungen	20,7	17,2	11,8
Langfristige Verbindlichkeiten	9,0	11,7	2,6
Kurzfristige Verbindlichkeiten	47,5	50,1	77,0
Fremdkapital	77,2	79,0	91,4
Bilanzgewinn	1,1	1,4	0,5

Das Eigenkapital der Baugesellschaften, das im Geschäftsjahr 1957 noch bei fast einem Drittel des Bilanzvolumens lag, kam bei der Geschäftsausweitung der Gesellschaften erheblich zu kurz. Ende 1977 betrug der Anteil der eigenen Mittel weniger als 8 Prozent der Bilanzsumme. Bei den Bauunternehmen, die in einer anderen Rechtsform geführt werden, besteht eine noch um etwa 2 Prozentpunkte geringere Ausstattung an eigenen Mitteln. Die Eigenkapitalausstattung der Bauunternehmen ist keineswegs ausreichend. Die Konkursquote liegt in diesem Wirtschaftszweig wesentlich höher als in anderen Bereichen. Wer den Ursachen der Insolvenzen nachgeht, stößt besonders häufig auf eine unzureichende Eigenkapitalausstattung. Mehr als neun Zehntel der Bilanzsumme entfällt auf das Fremdkapital, und zwar mehr als drei Viertel auf kurzfristige Schulden.

Relationen aus den Erfolgsrechnungen

	1967	1977
	Mrd DM	
Umsatz	3,8	10,2
Rohertrag	1,8	5,2
Verhältnis einzelner Positionen	in Prozent	
Rohertrag/Umsatz	47,5	51,5
Personalkosten/Rohertrag	61,9	68,2
Gewinnsteuern/Rohertrag	4,4	4,7
Jahresüberschuß/Rohertrag	2,7	0,8
Dividende in Prozent	12,4	11,7

Die Rohertragsquote der Gesellschaften verbesserte sich. Sie beträgt nunmehr etwas mehr als die Hälfte des Umsatzes. Der Anstieg der Personalkosten hielt sich, gemessen am Rohertrag, in engeren Grenzen. Die Ertragslage der Gesellschaften war durchweg zufriedenstellend, zumal die größeren Baugesellschaften durch Auslandsengagements unabhängiger von der Binnenkonjunktur wurden. Die Gesamtbezüge des Vorstands und des Aufsichtsrats betrugen 1977 je Gesellschaft 1,4 Mio bzw. 110 000 DM.

Wertschöpfung

	1967	1977
	Mrd DM	
Wertschöpfung insgesamt	1,5	4,1
davon erhielten	in Prozent	
Mitarbeiter	78,7	87,1
Staat	14,3	6,4
Gläubiger	2,2	1,7
Aktionäre	2,2	1,1
Unternehmen	2,6	3,7

Bei diesem arbeitsintensiven Wirtschaftszweig erhalten die Mitarbeiter fast neun Zehntel der Wertschöpfung. Der Anteil der Aktionäre beläuft sich auf etwas mehr als 1 Prozent. Der Risikovorsorge schenken die Baugesellschaften in den letzten Jahren größere Aufmerksamkeit. Der in den Unternehmen zur Rücklagenbildung verbleibende Teil erreichte im Geschäftsjahr 1977 nicht ganz 4 Prozent der Wertschöpfung.

Branchenanalysen

18. Handel

Bedeutung und Größenklassen der Aktiengesellschaften: Zur Wirtschaftsgruppe Handel gehören 145 Aktiengesellschaften mit insgesamt 3,5 Mrd DM Grundkapital. Ihr Anteil an den gesamten Groß- und Einzelhandelsumsätzen, die rund 900 Mrd DM betragen, beläuft sich nur auf 6 Prozent. Mehr als 70 Prozent der Aktiengesellschaften besitzen bis zu 10 Mio DM, knapp ein Viertel 10 bis 100 Mio DM und 5 Prozent über 100 Mio DM Grundkapital. Zum amtlichen Handel oder geregelten Freiverkehr sind die Aktien von 19 Gesellschaften mit insgesamt 1,4 Mrd DM Grundkapital zugelassen. Zu den Publikumsgesellschaften gehören vier Warenhäuser, deren Kapital sowohl von Großaktionären als auch von zahlreichen Kleinaktionären gehalten wird:

	Grundkapital Mio DM	Anzahl der Aktionäre
Horten	250	100 000
Karstadt	360	20 000
Kaufhof	300	28 000
Neckermann	137	20 000

Die **Bilanzstruktur** veränderte sich im langfristigen Vergleich nur in geringem Umfang. Im Geschäftsjahr 1977 waren von der Bilanzsumme 27 Prozent den Sachanlagen und 8 Prozent den Finanzanlagen zuzurechnen. Der Anteil des Umlaufvermögens belief sich auf 64 Prozent, und zwar gehörten rund zwei Fünftel zu den Vorräten.

	1957	1967	1977
	Mrd DM		
Bilanzsumme	3,4	8,0	23,8
davon entfielen auf	Anteil in Prozent		
Sachanlagen	22,7	31,7	27,2
Finanzanlagen	7,7	8,6	8,3
Anlagevermögen	30,4	40,3	35,5
Umlaufvermögen	66,0	58,1	63,8
Grundkapital	12,8	20,4	12,6
Rücklagen	15,7	13,6	11,8
Eigenkapital	28,5	34,0	24,4
Rückstellungen	15,2	7,4	12,1
Langfristige Verbindlichkeiten	8,5	17,4	13,4
Kurzfristige Verbindlichkeiten	45,1	38,6	49,0
Fremdkapital	68,8	63,4	74,5
Bilanzgewinn	1,4	2,4	0,9

Handel

Der Anteil der eigenen Mittel an der Bilanzsumme ging auf weniger als ein Viertel deutlich zurück. Diese Verminderung beruht weniger auf eine zu geringe Dotierung der Rücklagen als vielmehr auf eine unzureichende Erhöhung des Grundkapitals. Fast die Hälfte des Bilanzvolumens entfällt in dieser Branche mit ihren hohen Warenbeständen auf kurzfristige Schulden.

Relationen aus den Erfolgsrechnungen

	1967	1977
	Mrd DM	
Umsatz	21,2	61,9
Rohertrag	4,5	13,9
Verhältnis einzelner Positionen	in Prozent	
Rohertrag/Umsatz	21,4	22,4
Personalkosten/Rohertrag	36,1	34,0
Gewinnsteuern/Rohertrag	6,9	3,8
Jahresüberschuß/Rohertrag	5,9	1,8
Dividende in Prozent	11,6	9,3

Die Rohertragsquote, die im Handel ein geringeres Gewicht als in der Industrie besitzt, verbesserte sich leicht. Mehr als zwei Fünftel des Rohertrags sind für Personalaufwendungen erforderlich. Die Ertragslage, die längere Zeit ein günstiges Bild aufwies, verschlechterte sich in den letzten Jahren. Der Jahresüberschuß war im Verhältnis zum Rohertrag rückläufig und der durchschnittliche Dividendensatz verminderte sich. Vorstand und Aufsichtsrat bekamen 1977 eine Gesamtvergütung von 500 000 bzw. 48 000 DM je Gesellschaft.

Wertschöpfung

	1967	1977
	Mrd DM	
Wertschöpfung insgesamt	2,7	9,9
davon erhielten	in Prozent	
Mitarbeiter	60,0	61,8
Staat	23,0	26,5
Gläubiger	6,6	5,4
Aktionäre	6,2	3,7
Unternehmen	4,2	2,6

Die Wertschöpfungsrechnung zeigte während des letzten Jahrzehnts nur geringe Schwankungen. Drei Fünftel der Wertschöpfung erhielten die Mitarbeiter und rund ein Viertel der Staat. Der Teil, den die Gläubiger als Zinsen bekamen, verminderte sich. Für die Aktionäre sowie zur Stärkung der offenen Reserven verblieben rund 6 Prozent. Ein Jahrzehnt zuvor erhielten diese beiden Gruppen rund ein Zehntel der Wertschöpfung.

19. Verkehr

Bedeutung und Größenklasse der Aktiengesellschaften: Zu Beginn des Jahres 1979 waren im Verkehrsbereich 111 Aktiengesellschaften mit insgesamt 2,7 Mrd DM Grundkapital tätig. Diese Unternehmen erzielen etwa ein Fünftel des Umsatzes der Wirtschaftsgruppe. Bei den meisten Gesellschaften ist die öffentliche Hand alleiniger Aktionär oder sie übt einen maßgebenden Einfluß aus. Fast drei Viertel der Gesellschaften verfügen bis zu 10 Mio DM, etwas mehr als ein Fünftel über 10 bis 100 Mio DM und 5 Prozent über 100 Mio DM Grundkapital. Von 22 Unternehmen mit insgesamt 1,5 Mrd DM Grundkapital werden die Aktien an der Börse notiert. Einen größeren Aktionärskreis besitzen 2 Gesellschaften:

	Grundkapital Mio DM	Anzahl der Aktionäre
Deutsche Lufthansa	900	30 000
Hapag-Lloyd	180	2 000

Bilanzstruktur: Zwei Drittel des Bilanzvolumens betrafen 1977 Sachanlagen, die in dieser Wirtschaftsgruppe einen besonders hohen Anteil haben. Die Finanzanlagen besitzen mit 5 Prozent nur eine geringe Bedeutung. Das Umlaufvermögen erhöhte sich leicht bis auf ein Viertel der Bilanzsumme.

	1957	1967	1977
	Mrd DM		
Bilanzsumme	2,8	5,9	12,3
davon entfielen auf	Anteil in Prozent		
Sachanlagen	72,0	71,9	65,9
Finanzanlagen	4,2	3,7	5,3
Anlagevermögen	76,2	75,6	71,2
Umlaufvermögen	19,9	21,3	25,4
Grundkapital	24,6	25,5	21,1
Rücklagen	8,8	10,7	7,1
Eigenkapital	33,4	36,2	28,2
Rückstellungen	12,0	14,0	18,7
Langfristige Verbindlichkeiten	36,3	28,3	32,9
Kurzfristige Verbindlichkeiten	15,6	17,6	17,5
Fremdkapital	63,9	59,9	69,1
Bilanzgewinn	0,6	0,8	0,6

Die Eigenkapitalbasis ging im Geschäftsjahr 1977 auf weniger als 30 Prozent der Bilanzsumme zurück. Die Rücklagen besitzen im Verkehrsbereich nur ein geringes Gewicht. Von den Eigenmitteln gehören nur ein Viertel zu den Reserven und drei Viertel zum Grundkapital. Die ungünstige Ertragslage, von der vor allem der öffentliche Nahverkehr aber auch die Schiffahrt betroffen sind, ließ eine ausreichende Zuführung zu den Reserven bei zahlreichen Gesellschaften nicht zu. Auf langfristige Verbindlichkeiten, die zur Finanzierung der umfangreichen Sachanlagen erforderlich sind, entfällt fast die Hälfte des Fremdkapitals.

Relationen aus den Erfolgsrechnungen

	1967	1977
	Mrd DM	
Umsatz	4,1	10,6
Rohertrag	2,8	6,9
Verhältnis einzelner Positionen	in Prozent	
Rohertrag/Umsatz	67,8	64,7
Personalkosten/Rohertrag	54,1	63,7
Gewinnsteuern/Rohertrag	2,8	3,8
Jahresüberschuß/Rohertrag	2,1	1,8
Dividende in Prozent	2,6	3,4

Der Anteil des Rohertrags am Umsatz verminderte sich leicht. Der Personalaufwand erforderte im Geschäftsjahr 1977 gut drei Fünftel des Rohertrags. Die Ertragslage der Gesellschaften ist, abgesehen von Lagerhausunternehmen und einigen wenigen Ausnahmen in anderen Bereichen, keineswegs günstig. Der Jahresüberschuß beträgt, gemessen am Rohertrag, weniger als 2 Prozent und die Durchschnittsdividende lag durchweg sehr niedrig. An den Vorstand und Aufsichtsrat wurden 1977 als Gesamtvergütung 265 000 bzw. 26 000 DM gezahlt.

Wertschöpfung

	1967	1977
	Mrd DM	
Wertschöpfung insgesamt	1,8	5,2
davon erhielten	in Prozent	
Mitarbeiter	82,2	84,4
Staat	6,2	5,5
Gläubiger	6,1	6,3
Aktionäre	2,0	1,4
Unternehmen	3,5	2,4

Von der Wertschöpfung fließen mehr als vier Fünftel an die Mitarbeiter. Der Teil, den die Gläubiger als Zinsen erhalten, übersteigt nunmehr die Quote des Staates. In den Gesellschaften verblieb durchweg ein größerer Teil als die Gewinnausschüttung für die Aktionäre beanspruchte. In dieser Wirtschaftsgruppe werden die Aktionäre weiterhin mit einem geringen Anteil an der Wertschöpfung rechnen müssen.

20. Banken

Aus dem Kreis der Kreditinstitute werden die Bilanzen und Erfolgsrechnungen von drei Gruppen untersucht: Großbanken, Regionalbanken einschließlich sonstiger Kreditinstitute und private Hypothekenbanken. Die Bilanzstruktur der Banken weist ein völlig anderes Bild als bei den Gesellschaften der Bereiche Industrie, Handel und Verkehr auf. Das Schwergewicht der Banktätigkeit liegt beim An- und Verkauf von Forderungen. Im Aktivgeschäft werden Kredite gewährt, Wechsel diskontiert oder Wertpapiere erworben, während im Passivgeschäft vor allem Einlagen hereingenommen werden. Da auch Eventualverbindlichkeiten wie Bürgschaften und Indossamentsverbindlichkeiten aus weitergegebenen Wechseln eine wichtige Rolle im Bankgeschäft spielen, wurde als Bezugsgröße für einen Überblick über die Struktur nicht die Bilanzsumme, sondern das Geschäftsvolumen – Bilanzsumme zuzüglich Eventualverbindlichkeiten – gewählt.

Für die Banken gilt inzwischen zwar auch bei den Erfolgsrechnungen der Grundsatz, Aufwendungen und Erträge nicht gegeneinander aufzurechnen. Dieses Bruttoprinzip wird jedoch in verschiedenen Fällen durchbrochen[29]. So erlaubt § 26a des Kreditwesensgesetzes den Instituten, die in der Rechtsform der Aktiengesellschaft geführt werden, Forderungen und Wertpapiere des Umlaufvermögens mit einem niedrigeren Wert anzusetzen, als es nach § 155 AktG vorgeschrieben oder zugelassen ist. Vorausgesetzt wird, daß die Bewertung nach vernünftiger kaufmännischer Beurteilung zur Sicherung gegen die besonderen Risiken des Geschäftszweigs der Banken notwendig ist. Abschreibungen und Wertberichtigungen, die vorgenommen werden, um zu einem niedrigeren Wertansatz zu gelangen, brauchen in der Gewinn- und Verlustrechnung nicht brutto ausgewiesen zu werden. Sie können mit den Erträgen aus höherer Bewertung von Forderungen oder von Wertpapieren verrechnet werden. In die gleiche Verrechnung können auch Zuführungen zu und Erträge aus der Auflösung von Rückstellungen im Kreditgeschäft einbezogen werden. Es bleibt den Banken überlassen, wie weit sie mit dieser Verrechnung gehen. Sie können sich außerdem von Jahr zu Jahr in dieser Frage neu entscheiden. Mit anderen Worten: In guten Geschäftsjahren können stille Reserven gebildet und in schlechten Jahren wieder aufgelöst werden. Diese Möglichkeit besteht für andere Gesellschaften nach dem Aktiengesetz von 1965 nur noch in engeren Grenzen. Vor allem brauchen die Banken diese Vorgänge in den Erfolgsrechnungen weniger weit offenzulegen, als das im Aktiengesetz allgemein vorgeschrieben ist. Schwankungen in der Ertragslage sind daher nur zu einem Teil im Endergebnis der Gewinn- und Verlustrechnung, also beim Jahresüberschuß oder Bilanzgewinn zu erkennen. Daher empfiehlt es sich, zusätzlich einen Zwischensaldo vor den in ihrem Aussagewert problematischen Positionen zu bilden. Die Ertragslage wird dann, wie bei den Veröffentlichungen der Bundesbank, unter Ausschluß von Abschreibungen und Wertberichtigungen auf Forderungen und Wertpapiere sowie Zuführungen zu Rückstellungen im Kreditgeschäft auf der einen Seite und anderen Erträgen einschließlich der Erträge aus der Auflösung von Rückstellungen im Kreditgeschäft auf der anderen Seite analysiert. Durch dieses Verfahren wird jener Bereich isoliert, in dem das Bruttoprinzip gilt. Dieser Zwischensaldo, der als das Betriebsergebnis anzusehen ist, setzt sich aus folgenden Positionen zusammen:

    Empfangene abzüglich gezahlte Zinsen (Zinsüberschuß)

+ Empfangene abzüglich gezahlte Provisionen (Provisionsüberschuß)

− Verwaltungsaufwand (Personal- und Sachkosten)

Es fehlen damit zwar einige wichtige Größen aus den Erfolgsrechnungen, vor allem die Wertverluste bei Krediten und Wertpapieren, aber es werden auch jene Transaktionen nicht erfaßt, die es den Banken ermöglichen, ihre Ertragslage für das jeweilige Geschäftsjahr in anderer als in der tatsächlichen Lage darzustellen.

Die wichtigste Einnahmequelle der Banken ist der Zinsüberschuß. Er wird sowohl durch das Geschäftsvolumen, aber auch durch die Schwankungen des Zinsniveaus beeinflußt, und zwar vor allem durch Unterschiede in der Veränderung der Soll- und Habenzinsen, also der Zinsspanne. Provisionen werden im inländischen Zahlungsverkehr, im Auslandsgeschäft sowie im Wertpapier- und Depotgeschäft berechnet. Sie sind erheblich geringer als die Bruttozinserträge. Es stehen ihnen allerdings auch nur verhältnismäßig geringe Aufwendungen gegenüber. Von dem Verwaltungsaufwand entfällt der weitaus größte Teil auf die Personalkosten. Zusammenfassende Übersichten zur Ertragslage der Banken liegen erst ab Geschäftsjahr 1968 vor.

a) Großbanken

Bedeutung und Größenklassen: Vom Geschäftsvolumen aller Bankengruppen entfällt rund ein Zehntel auf die drei Großbanken einschließlich ihrer Berliner Tochterinstitute. Vergleichsweise sei erwähnt, daß der Anteil der Regionalbanken 11 Prozent, des Sparkassensektors einschließlich der Landesbanken knapp zwei Fünftel, des Genossenschaftssektors ein Siebentel und der Realkreditinstitute ein Achtel des gesamten Geschäftsvolumens beträgt. An dem Grundkapital der drei Großbanken sind Großaktionäre nicht beteiligt. Es befindet sich vielmehr breit gestreut im Besitz von jeweils mehr als 100 000 Aktionären:

Branchenanalysen

	Grundkapital Mio DM	Anzahl der Aktionäre
Commerzbank	743	120 000
Deutsche Bank	1 040	212 000
Dresdner Bank	878	145 000

Zu Beginn des Jahres 1979 unterhielten die drei Großbanken insgesamt 3 068 Filialen und Zweigstellen. Seit 1957 wurde das Niederlassungsnetz, das damals 787 Geschäftsstellen umfaßte, stark ausgebaut.

Bilanzstruktur: Die Barreserve der Großbanken ist mit mehr als 7 Prozent des Geschäftsvolumens größer als bei anderen Bankengruppen. Der Anteil des Wechselbestandes, der Ende 1957 noch bei einem Viertel gelegen hatte, verminderte sich auf weniger als 8 Prozent. Die Forderungen an Kreditinstitute, auf die lange Zeit etwa ein Zehntel des Geschäftsvolumens entfiel, wurden auf ein Viertel kräftig ausgebaut. Von den Wertpapieren, deren Anteil im Verhältnis zum Geschäftsvolumen rückläufig war, betrafen rund ein Viertel Aktien. Die Forderungen an Nichtbanken – Unternehmen, Selbständige, Privatpersonen und öffentliche Haushalte – nahmen weitgehend in dem Umfang zu, wie die Wechselkredite an Gewicht verloren. Rund die Hälfte des gesamten Geschäftsvolumens betrifft Wechsel- und Buchkredite der Nichtbanken. Die bedeutendste Gruppe der Kreditnehmer sind die Unternehmen und Selbständigen mit einem Anteil von zwei

	1957	1967	1977
	Mrd DM		
Geschäftsvolumen	21,8	53,9	184,3
davon entfielen auf	Anteil in Prozent		
Barreserve	9,6	7,9	7,7
Schecks, Inkassopapiere	1,6	1,7	0,5
Wechsel	25,9	19,3	7,8
Forderungen an Kreditinstitute	7,7	11,6	24,7
Schatzwechsel	6,7	7,1	1,0
Wertpapiere	8,4	9,4	7,2
Forderungen an Nichtbanken	36,8	40,0	46,0
Beteiligungen	0,8	0,9	2,8
Grundbesitz, Geschäftsausstattung usw.	2,5	2,1	2,3
Verbindlichkeiten gegenüber Kreditinstituten	23,9	15,2	22,1
Verbindlichkeiten gegenüber Nichtbanken	66,5	75,2	64,4
Schuldverschreibungen	–	0	3,4
Rückstellungen	2,7	2,2	1,7
Eigenkapital	4,0	4,5	4,6
Übrige Passivposten	2,9	2,9	3,8

Dritteln der gewährten Kredite. Auf Privatpersonen und öffentliche Haushalte entfallen etwas mehr als ein Fünftel bzw. ein Zehntel. Bei der Dauer der gewährten Kredite ist im langfristigen Vergleich ein deutlicher Trend zu längeren Laufzeiten zu erkennen. Knapp zwei Fünftel der Kredite werden nunmehr kurzfristig bis zu einem Jahr, gut ein Fünftel mittelfristig ein bis vier Jahre und mehr als zwei Fünftel langfristig über vier Jahre gewährt. Die Beteiligungen der Großbanken erhöhten sich in jüngster Zeit durch Gründungen von Tochtergesellschaften, und zwar sowohl im Inland als auch im Ausland.

Die Passivseite der Großbanken zeigt, daß fast zwei Drittel auf Einlagen der Nichtbanken und gut ein Fünftel auf Einlagen von Kreditinstituten entfallen. Schuldverschreibungen besitzen nur ein geringes Gewicht. Von den Einlagen gehören fast ein Viertel zu den Sichteinlagen, ein Drittel zu den Termingeldern und mehr als zwei Fünftel zu den Spareinlagen. Der Anteil des Eigenkapitals ist, gemessen am Geschäftsvolumen, bei den Kreditinstituten niedrig. Mit einem Anteil von 4,6 Prozent liegt die Eigenkapitalquote bei den Großbanken höher als bei den meisten übrigen Bankengruppen.

Erfolgsrechnungen

	1968/75	1976	1977
	Mio DM		
Betriebsergebnis	484	906	1 148
Kennzahlen in Prozent			
Betriebsergebnis/Geschäftsvolumen	0,50	0,56	0,61
Steueraufwand/Jahresüberschuß vor Steuern	40,9	41,6	51,2
Verwaltungsaufwand/Zinsüberschuß	113,1	108,5	104,4
Jahresüberschuß vor Steuern/Zins- und Provisionsüberschuß	20,1	22,5	25,0

Von der Relation Betriebsergebnis/Geschäftsvolumen aus betrachtet, war 1973 ein schlechtes Geschäftsjahr der Großbanken, und zwar in erster Linie aufgrund sprunghaft gestiegener Personalkosten. In diesem Jahr belief sich das Betriebsergebnis nur auf 0,14 Prozent des Geschäftsvolumens gegenüber 0,5 Prozent im Durchschnitt der Jahre 1968 bis 1975. Mit 0,61 Prozent wurde 1977 ein gutes Ergebnis erzielt. Der gesamte Steueraufwand im Verhältnis zum Jahresüberschuß vor Steuern nahm 1977 deutlich zu. Die Personal- und Sachkosten entwickelten sich im Verhältnis zum Zinsüberschuß günstig. Sie konnten im Geschäftsjahr 1977 bis auf einen geringen Teil allein aus dem Zinsüberschuß gedeckt werden. Der Jahresüberschuß vor Steuern erhöhte sich 1977 auf ein Viertel des gesamten Zins- und Provisionsüberschusses.

Branchenanalysen

b) Regionalbanken

Bedeutung und Größenklassen: Zur Gruppe der Regionalbanken einschließlich sonstiger Kreditbanken, die durchweg in der Rechtsform der Aktiengesellschaft geführt werden, gehören 104 Institute. Ihr Anteil am Geschäftsvolumen sämtlicher Bankengruppen ist mit 11 Prozent etwas größer als der Teil, der auf die Großbanken entfällt. An der Börse sind die Aktien von 15 Banken mit einem Grundkapital von insgesamt 1,5 Mrd DM eingeführt. Zu den bekanntesten börsennotierten Gesellschaften gehören:

	Grundkapital Mio DM	Anzahl der Aktionäre
Bayerische Hypotheken- und Wechsel-Bank	421	60 000
Bayerische Vereinsbank	360	35 000
Berliner Handels- und Frankfurter Bank	116	18 000
Industriekreditbank	126	5 000
Vereins- und Westbank	109	10 000

Großaktionäre sind nur bei der Industriekreditbank bekannt. Die beiden bayerischen Banken, die auch außerhalb Bayerns sowie im Ausland Filialen unterhalten, sind als gemischte Institute nicht nur als Geschäfts- sondern auch als Hypothekenbanken tätig. Anfang 1979 verfügte die Gruppe der Regionalbanken über insgesamt 2 451 Geschäftsstellen. Das Geschäftsvolumen der Regionalbanken expandierte etwas stärker als bei den Großbanken.

Bilanzstruktur: Die Barreserve betrug Ende 1977 nicht ganz 5 Prozent des Geschäftsvolumens. Der Wechselbestand, der 1957 rund ein Fünftel des Geschäftsvolumens erreichte, verminderte sich auf 5 Prozent Ende 1977. Die Forderungen gegenüber Kreditinstituten gewannen an Bedeutung. Sie nahmen Ende 1977 mehr als ein Viertel des Geschäftsvolumens in Anspruch. Vom Wertpapierbestand, der 1977 weniger als 5 Prozent betrug, betraf ein Achtel börsengängige Dividendenwerte. Die Buchkredite an Nichtbanken belaufen sich nunmehr auf mehr als die Hälfte des Geschäftsvolumens. Drei Fünftel der gesamten Buch- und Wechselkredite wurden an Unternehmen und Selbständige, ein Sechstel an Privatpersonen, gut ein Achtel an die öffentliche Hand und ein Zehntel für den Wohnungsbau gewährt. Für die Laufzeiten der Kredite ergaben sich Ende 1977 folgende Fristen: Ein Drittel wurde kurzfristig, ein Sechstel mittelfristig und die Hälfte langfristig eingeräumt. Die Beteiligungen lassen, gemessen am Geschäftsvolumen, eine steigende Tendenz erkennen.

Banken

	1957	1967	1977
	Mrd DM		
Geschäftsvolumen	17,6	57,5	193,8
davon entfielen auf	Anteil in Prozent		
Barreserve	7,7	5,8	4,7
Schecks, Inkassopapiere	1,1	0,9	0,4
Wechsel	19,7	15,0	5,2
Forderungen an Banken	15,6	21,8	26,9
Schatzwechsel	1,2	0,4	0,5
Wertpapiere	3,3	5,0	4,7
Forderungen an Nichtbanken	47,5	47,4	54,7
Beteiligungen	1,0	1,1	1,5
Grundbesitz, Geschäftsausstattung usw.	2,9	2,6	1,5
Verbindlichkeiten gegenüber Banken	25,2	28,7	32,9
Verbindlichkeiten gegenüber Nichtbanken	54,7	51,1	47,2
Schuldverschreibungen	9,8	12,0	12,7
Rückstellungen	2,6	1,6	1,1
Eigenkapital	4,5	4,5	4,5
Übrige Passivposten	3,2	2,1	1,6

Die Verbindlichkeiten gegenüber Banken, die stets größer als die Forderungen an diese Schuldnergruppe waren, erhöhten sich bis auf ein Drittel des Geschäftsvolumens. Dagegen ging der Anteil der Verbindlichkeiten gegenüber Nichtbanken auf weniger als die Hälfte des Geschäftsvolumens zurück. Die Schuldverschreibungen besitzen, vor allem durch die beiden bayerischen Institute, einen Anteil von rund einem Achtel. Die Eigenkapitalquote entspricht weitgehend der Höhe, die auch bei den Großbanken anzutreffen ist.

Erfolgsrechnungen

	1968/75	1976	1977
	Mio DM		
Betriebsergebnis	646	1 184	1 207
Kennzahlen in Prozent			
Betriebsergebnis/Geschäftsvolumen	0,68	0,75	0,67
Steueraufwand/Jahresüberschuß vor Steuern	47,3	46,5	52,8
Verwaltungsaufwand/Zinsüberschuß	92,9	86,8	88,5
Jahresüberschuß vor Steuern/Zins- und Provisionsüberschuß	20,4	17,1	20,8

Das Verhältnis Betriebsergebnis/Geschäftsvolumen erreichte 1976 einen besonders hohen Stand, der 1977 nicht gehalten werden konnte. Es entsprach in den letzten Jahren weitgehend der Relation bei den Großbanken. Der Steueraufwand war im Verhältnis zum Jahresüberschuß vor Steuern stets größer als bei den Großbanken. 1977 war das Verhältnis mit rund 53 Prozent besonders hoch. Die Personal- und Sachkosten der Regionalbanken werden durch den Zinsüberschuß voll gedeckt. Der Jahresüberschuß vor Steuern liegt im Verhältnis zum Zins- und Provisionsüberschuß etwas niedriger als bei den Großbanken.

c) Private Hypothekenbanken

Bedeutung und Größenklassen: Von 25 privaten Hypothekenbanken sind die Aktien von 14 Instituten an den Wertpapierbörsen der Bundesrepublik mit einem Grundkapital von insgesamt 0,5 Mrd DM eingeführt. Bei allen privaten Hypothekenbanken befindet sich das Grundkapital im Mehrheitsbesitz von Großaktionären, wie Groß- und Regionalbanken, Privatbankiers oder Versicherungsgesellschaften. Im Vergleich mit den öffentlich-rechtlichen Grundkreditanstalten verschoben sich in der langfristigen Entwicklung mehrfach die Gewichte. Vom gesamten Geschäftsvolumen aller Banken entfallen etwa 8 Prozent auf die Realkreditinstitute. Innerhalb dieser Gruppe waren 1957 die Gewichte noch annähernd gleichmäßig verteilt. Damals betrug der Anteil der privaten Hypothekenbanken am Geschäftsvolumen aller Realkreditinstitute 49 Prozent, 1967 nur 41 Prozent und 1977 dagegen 63 Prozent. Die öffentlich-rechtlichen Grundkreditanstalten wurden also von den privaten Hypothekenbanken in der Expansion der Geschäftstätigkeit erheblich übertroffen. In dem gesamten Zeitraum von 1957 bis 1977 stieg das Geschäftsvolumen der privaten Hypothekenbanken um das Siebzehnfache. Eine so große Zunahme ist bei keiner anderen Bankengruppe eingetreten.

Die **Bilanzstruktur** der Hypothekenbanken weist ein wesentlich anderes Bild als bei den Kreditbanken auf. Die Vermögensseite besteht zu mehr als vier Fünfteln

	1957	1967	1977
	Mrd DM		
Geschäftsvolumen	8,7	37,8	145,7
davon entfielen auf	Anteil in Prozent		
Barreserve	0,2	0,1	0,1
Forderungen an Banken	10,4	7,5	11,3
Wertpapiere	3,2	1,5	0,8
Forderungen an Nichtbanken	82,9	88,8	86,1
Grundbesitz, Geschäftsausstattung usw.	3,3	2,1	1,7
Verbindlichkeiten gegenüber Banken	8,1	6,5	13,1
Verbindlichkeiten gegenüber Nichtbanken	10,6	4,3	16,7
Schuldverschreibungen	73,3	82,6	64,9
Rückstellungen	1,1	0,6	0,3
Eigenkapital	2,9	3,3	2,2
Übrige Passivposten	4,0	2,7	2,8

aus Forderungen an Nichtbanken und zu gut einem Zehntel aus Forderungen an Banken. Von den gewährten Krediten wurden ein Drittel den öffentlichen Haushalten und zwei Drittel Unternehmen, Selbständigen und Privatpersonen zur Verfügung gestellt. Mehr als drei Fünftel der Kredite für den privaten Sektor diente zur Finanzierung des Wohnungsbaus. Der Anteil der Wertpapiere und der Beteiligungen am Geschäftsvolumen ist bei diesen Spezialbanken von geringerer Bedeutung. Er zeigt im übrigen eine fallende Tendenz.

Das Schwergewicht des Passivgeschäftes liegt bei den Schuldverschreibungen, deren Anteil jedoch von 83 Prozent (1967) auf 65 Prozent (1977) zurückging. Die Einlagen und aufgenommenen Gelder von Nichtbanken und Kreditinstituten gewannen in den letzten Jahren an Gewicht. Der Anteil der eigenen Mittel am Geschäftsvolumen liegt bei den privaten Hypothekenbanken niedriger als bei den Kreditbanken.

Erfolgsrechnungen

	1968/75	1976	1977
	Mio DM		
Betriebsergebnis	475	682	788
Kennzahlen in Prozent			
Betriebsergebnis/Geschäftsvolumen	0,71	0,57	0,58
Steueraufwand/Jahresüberschuß vor Steuern	44,0	45,3	54,8
Verwaltungsaufwand/Zinsüberschuß	30,0	33,2	30,7
Jahresüberschuß vor Steuern/Zins- und Provisionsüberschuß	63,0	62,2	55,3

Das Verhältnis Betriebsergebnis/Geschäftsvolumen erreichte 1976 einen besonders hohen Stand, der 1977 nicht gehalten werden konnte. Diese Kennzahl entsprach in den letzten Jahren weitgehend der Relation bei den Großbanken. Der Steueraufwand war im Verhältnis zum Jahresüberschuß vor Steuern stets größer als bei den Großbanken. Die Regionalbanken wurden erst in jüngster Zeit überflügelt.

Quellenverzeichnis

1) Handwörterbuch der Finanzwirtschaft, Verlag C. E. Poeschel, 1976, S. 36.
2) Bevölkerung und Wirtschaft 1872–1972, Herausgeber: Statistisches Bundesamt, Wiesbaden 1972, S. 169.
3) Wirtschaft und Statistik, Herausgeber: Statistisches Bundesamt, Wiesbaden, jeweils Heft 3 der Jahrgänge 1971–1979, ,,Zahl und Nominalkapital der Kapitalgesellschaften".
4) Statistische Beihefte zu den Monatsberichten der Deutschen Bundesbank, Frankfurt, Reihe 2, Wertpapierstatistik.
5) Geld und Kredit, Herausgeber: Statistisches Bundesamt, Wiesbaden, Reihe 2, Aktienmärkte.
6) Deutsches Geld- und Bankwesen in Zahlen 1876–1975, Herausgeber: Deutsche Bundesbank, Frankfurt 1976, S. 294.
7) Statistische Beihefte zu den Monatsberichten der Deutschen Bundesbank, Frankfurt, Reihe 2, Wertpapierstatistik.
8) Jahresbericht 1978 der Wertpapierbörsen zu Düsseldorf und Frankfurt.
9) Jahresbericht 1978 der Frankfurter Wertpapierbörse.
10) Heinrich Stein in Jahresbericht 1976 der Frankfurter Wertpapierbörse.
11) Statistische Beihefte zu den Monatsberichten der Deutschen Bundesbank, Frankfurt, Reihe 2, Wertpapierstatistik.
12) Jahresbericht 1974 bis 1978 der Frankfurter Wertpapierbörse.
13) Geld und Kredit, Herausgeber: Statistisches Bundesamt, Wiesbaden, Reihe 2, Aktienmärkte.
14) Deutsches Geld- und Bankwesen in Zahlen 1876–1975, Herausgeber: Deutsche Bundesbank, Frankfurt 1976, S. 294; Statistische Beihefte zu den Monatsberichten der Deutschen Bundesbank, Frankfurt, Reihe 2, Wertpapierstatistik.
15) Geld und Kredit, Herausgeber: Statistisches Bundesamt, Wiesbaden, Reihe 2, Aktienmärkte.
16) Statistische Beihefte zu den Monatsberichten der Deutschen Bundesbank, Frankfurt, Reihe 2, Wertpapierstatistik.
17) Die Entwicklung der Wertpapierdepots 1975 bis 1978, jeweils Beilagen zu den Statistischen Beiheften der Monatsberichte der Deutschen Bundesbank, Frankfurt.
18) Statistische Beihefte zu den Monatsberichten der Deutschen Bundesbank, Frankfurt, Reihe 1, Bankenstatistik nach Bankengruppen.
19) Statistisches Jahrbuch des Deutschen Reichs 1937, S. 416 f.
20) Bevölkerung und Wirtschaft 1872–1972, Herausgeber: Statistisches Bundesamt, Wiesbaden 1972, S. 170 f. sowie Wirtschaft und Statistik, Herausgeber: Statistisches Bundesamt, Wiesbaden, ,,Jahresabschlüsse der Aktiengesellschaften der Industrie" in den Jahrgängen 1965–1978.

Quellenverzeichnis

21) Ulrich Fritsch, Mehr Unternehmen an die Börse, Verlag Dr. Otto Schmidt KG, Köln 1978, S. 81 f.
22) Vincenz Timmermann, Lieferantenkredit und Geldpolitik, Walter de Gruyter, Berlin–New York 1971, S. 71 f.
23) Bevölkerung und Wirtschaft 1872–1972, Herausgeber: Statistisches Bundesamt, Wiesbaden 1972, S. 170 und 171 sowie Fachserie C des Statistischen Bundesamtes, Unternehmen und Arbeitsstätten, Reihe 2, Kapitalgesellschaften, I. Abschlüsse der Aktiengesellschaften, Geschäftsjahr 1972 bis 1977.
24) Geschäftsbericht der Hoechst AG, Frankfurt, S. 10.
25) Statistische Beihefte der Monatsberichte der Deutschen Bundesbank, Frankfurt, Reihe 4, Saisonbereinigte Wirtschaftszahlen.
26) Bundesanzeiger Nr. 31 vom 14. 2. 1979, S. 3 f.
27) Marcus Lutter, Gesetzliche Gebührenordnung für Aufsichtsräte ?, AG 4/1979, S. 85 f.
28) Zahlenübersichten und methodische Erläuterungen zur gesamtwirtschaftlichen Finanzierungsrechnung der Deutschen Bundesbank 1950 bis 1974, Sonderdruck der Deutschen Bundesbank, Frankfurt sowie Monatsberichte der Deutschen Bundesbank, Frankfurt, Heft 5/1978 und Heft 5/1979.
29) Monatsberichte der Deutschen Bundesbank, Frankfurt, Heft 11/1976, S. 16 f.

Stichwortverzeichnis

Abschreibungen 52
Aktien
– Aktienemissionen 7
– Aktienindex 21 f.
– Aktienkurse 12, 17 f.
– Aktienumlauf 5, 27, 29, 58
– Aktienumsätze 12 f., 19, 23
Aktiengesellschaften, Anzahl 1, 10, 32
Anlagevermögen 37 f., 41
Auflösungen 6
Aufsichtsratsbezüge 53 f.
Auslandsaktien 14 f., 59
Ausländer 30, 32 f., 36 f.
Ausleihungen 42 f.

Bareinzahlung 6, 29
Basispreis 17 f.
Bauindustrie 22, 25, 28, 43, 44, 97 f.
Bausparkassen 57, 58
Bergbau 8, 47
Beteiligungen 31 f., 57, 58
Beteiligungsgesellschaften 33 f.
Besicherung 42 f.
Bilanzsumme 37 f.
Börse 7, 10 f., 21 f., 29, 35 f.
Börsengesellschaften 10 f., 35 f., 40 f.
Brauereien 4, 22, 24, 28, 35, 93 f.

Chemische Industrie 3, 4, 9, 22 f., 28, 43, 45, 47, 54, 65 f.

Depoterhebungen 29 f., 57
Dienstleistungsbereich 4, 32
Dividende 25 f., 47 f.

EBM, Musik- und Spielwaren 54
Eigenkapital 38 f.
Elektroindustrie 3, 22 f., 28, 43 f., 47, 54, 87 f.
Energiewirtschaft 3 f., 22 f., 28, 34, 43, 47, 62 f.
Einbringung von Aktien usw. 6
– von Forderungen 6
– von sonstigen Sachwerten 6

Eisen- und Stahlindustrie 3 f., 8, 22 f., 28, 36, 43, 44, 75 f.
Erfolgsrechnungen 47 f.
Ertragslage 39, 41, 47 f., 53
Einzelfirmen 32
Einzelpersonen 33 f.

Fahrzeugbau 3 f., 8 f., 22 f., 28, 34, 44, 45, 54, 84 f.
Familien 33 f.
Farbenwerte 22 f., 28
Festverzinsliche Wertpapiere 15, 25 f., 30, 57, 58, 60
Finanzanlagen 37, 38, 42
Flüssige Mittel 38
Forderungen 38 f., 42 f., 56
Fremdkapital 38, 41, 45 f.

Geldmarkt 27
Gesamtleistung 52
Gewinn 47 f., 51 f.
GmbH 32
Größenklassen 3
Grundkapital 2 f., 38

Handel 4, 32, 100 f.
Holz-, Papier- und Druckindustrie 4, 34, 54, 89 f.
Hypothekenbanken 22, 24, 25, 28, 47, 110 f.

Industrie 32 f.
Industrieschuldverschreibungen 45 f.
Insolvenzen 41

Jahresabschlüsse 37 f.

Kapitalaufbau 38
Kapitalberichtigungsaktien 6
Kapitalerhöhungen 6 f.
Kapitalherabsetzungen 6
Kapitalmarkt 46 f.
Kassahandel 12

Stichwortverzeichnis

Körperschaftsteuer 28 f.
Kreditinstitute 3, 9, 22 f., 28, 30 f., 45 f., 57 f., 104 f.
Kunststoff-, Gummi- und Asbestindustrie 4, 55, 70 f.

Landwirtschaft 32
Lebenshaltungskosten 10
Lieferantenkredit 4, 43

Maschinenbau 4, 22 f., 28, 34, 44 f., 81 f.
Mineralölwirtschaft 3, 4, 8, 34, 54, 68 f.

Nahrungs- und Genußmittelindustrie 4, 22, 24, 95 f.
NE-Metallindustrie 4, 77 f.
Nichtbörsengesellschaften 11, 35 f.

Öffentliche Hand 27, 30, 32 f., 36, 58 f.
Optionshandel 16 f.
Organisationen ohne Erwerbscharakter 30

Personengesellschaften 32
Personalkosten 50 f.
Private Haushalte 58 f.
Privatpersonen 30 f., 58
Produzierendes Gewerbe 4
Produktivitätszuwachs 55
Publikumsgesellschaften 10 f., 22, 40, 54

Rendite 25 f.
Rücklagen 39 f., 49, 52, 57
Rückstellungen 41

Sachanlagen 37 f., 39
Selbständige 30 f.
Sozialbilanzen 55 f.
Sozialverbindlichkeiten 41, 47, 49 f.
Schiffbau 43
Schiffahrt 22 f., 25, 28

Stahl- und Leichtmetallbau 4, 79 f.
Steine, Erden, Feinkeramik und Glas 4, 55, 73 f.
Steinkohlenbergbau 43
Steuern 49, 52
Steuergutschrift 28 f., 49

Tageskurs 58 f.
Termingeschäfte 16 f.
Textil- und Bekleidungsindustrie 4, 28, 54, 91 f.

Umlaufvermögen 37 f.
Umstellung von RM-Kapital 6
Umwandlungen 6
Unselbständige 30 f.
Unternehmen 30, 57 f.

Verbindlichkeiten 45 f.
Vermögensaufbau 38
Vermögensübertragung 6
Verkehr 22 f., 32, 102 f.
Verschmelzung 6
Versicherungen 4, 28, 30, 57 f.
Volksaktien 22 f.
Volkswirtschaftliche Gesamtrechnung 48
Vorräte 38, 39
Vorstandsbezüge 56 f.

Währungsreform 2, 38
Wandelschuldverschreibung 6
Warenhäuser 22 f., 28, 100
Wechsel 44 f.
Wertschöpfung 48 f.
Wirtschaftsgruppen 4
Wirtschaftsstruktur 8 f.

Zementindustrie 22, 24, 28
Zinsen 49, 52
Zuckerindustrie 5, 54, 95 f.

Firmenverzeichnis

Ackermann–Göggingen 91
AEG 9, 10
AEG-Telefunken 9, 13, 87

Bank für Gemeinwirtschaft 9
BASF 8, 9, 13, 14, 22, 65, 66
Bayer 8, 9, 13, 14, 22, 65, 66
Bayernwerk 9
Bayerische Hypotheken- und Wechsel-
 Bank 93, 108
Bayerische Vereinsbank 13, 108
Beiersdorf 66
Bergwerksgesellschaft Hibernia 9
Berliner Handels- und Frankfurter Bank
 79, 108
Berliner Kraft und Licht 9, 62
Berliner Verkehrs-AG 9
Bilfinger + Berger 98
BMW 13, 84
Bremer Straßenbahn 24
Brown, Boveri & Cie 87

Commerzbank 9, 13, 106
Conti-Gas 65
Continental 71

Dahlbusch 5
Daimler-Benz 9, 13, 84
Degussa 66
Deutsche Babcock 79
Deutsche Bank 9, 10, 13, 14, 106
Deutsche BP 9
Deutsche Lufthansa 9, 24, 102
Deutsche Shell 9
Deutsche Texaco 68
Didier-Werke 73
DLW 71
Dresdner Bank 9, 10, 13, 93, 106
DUB-Schultheiss 83
Dyckerhoff Zementwerke 73

Elektrowerke 8, 9
Esso 9

Flachglas 73
Ford-Werke 9

Gelsenkirchener Bergwerks-AG 9
Gerresheimer Glas 73
Girmes-Werke 91
Goldschmidt 66
Gutehoffnungshütte 13, 82

Hamborner Bergbau 5
Hamburger Hochbahn 9, 24
Hannoversche Verkehrsbetriebe 24
Hapag-Lloyd 102
Harpener 5
Heidelberger Zement 73
HEW 62
Hochtief 98
Hoechst 8, 9, 13, 14, 22, 65, 66
Hoesch 75
Hoesch–Köln Neusser 9
Holzmann 98
Horten 100

IBM 15
I. G. Farbenindustrie 8, 9, 22
Industriekreditbank 108

Junkers Flugzeug- und Motorenwerke
 8, 9

Kali-Chemie 66
Karstadt 13, 100
Kaufhof 100
KHD 82
Klöckner 75
Klöckner-Werke 9
Krupp 8, 9

Linde 82
Litton 15

MAN 82
Mannesmann 9, 10, 13, 75
Mannesmann-Röhrenwerke 9
Mercedes-Automobil-Holding 84
Metallgesellschaft 77
Mobil Oil 9

Neckermann 13, 100

Firmenverzeichnis

Nordwestdeutsche Kraftwerke 62

Opel 9

Pegulan 71
Philips 15
Phoenix 71
Preußenelektra 9, 10
Preussag 22, 23
PWA 89

Rheinische Stahlwerke 9
Rosenthal 73
Royal Dutch 15
Rütgers 66
Ruhrkohle 5
RWE 9, 10, 13, 62

Siemens 9, 10, 13, 14, 87
Siemens & Halske 9
Siemens Schuckertwerke 9
Sperry Rand 15
Süddeutsche Zucker 95

Schering 13, 66
Schiess 82
Schubert & Salzer 82
Standard Elektrik Lorenz 87
Strabag 98

Thyssen 9, 10, 13, 75
Thyssen-Hütte 9
Thyssen-Industrie 82

Varta 87
Veba 9, 13, 22, 23, 62
Vereinigte Stahlwerke 8, 9
Vereins- und Westbank 108
VEW 9, 62
Viag 9
VW 9, 10, 13, 14, 22, 23, 84

Wintershall 9

Xerox 15

Zentralgesellschaft Estel 76

Die Aktiengesellschaft
Zeitschrift für das gesamte Aktienwesen

Herausgegeben von Prof. Dr. H.-J. MERTENS, in Verbindung mit Prof. Dr. V. EMMERICH, Wp. und Stb. Prof. Dr. K.-H. Forster, Prof. Dr. G. HUECK, Prof. Dr. H. W. KRUSE und Prof. Dr. W. ZÖLLNER. Erscheint 1980 im 25. Jahrgang. Jahresabonnement 164,– DM (zzgl. Zustellgebühr), Einzelheft (Durchschnittsumfang 48 Seiten) 16,– DM. Erscheint jeweils am 20. eines jeden Monats.

„Die Aktiengesellschaft" mit Sonderteil „AG-Report" – Publikationsorgan der Schutzgemeinschaft der Kleinaktionäre – ist als bewährtes Forum für alle Fragen des Aktienwesens bekannt. Der Verlag, seit 1905 auf den Gebieten des Gesellschafts- und Steuerrechts der Kapitalgesellschaften tätig, die Herausgeber und zahlreiche qualifizierte Autoren aus Wissenschaft und Praxis bieten die Gewähr, daß mit dieser Spezialzeitschrift die AG-Vorstände und -Abteilungen sowie ihre Berater konzentrierte Information und vertiefende Analysen zum Gesellschafts-, Wirtschafts- und Steuerrecht der AG erhalten, wie sie in der Praxis benötigt werden.
Der Sonderteil „AG-Report" enthält die wichtigsten Nachrichten aus den Unternehmen und dem Börsengeschehen sowie knappe, präzise Bilanzanalysen der Publikumsgesellschaften.

Verlag Dr. Otto Schmidt KG · Köln

Mehr Unternehmen an die Börse

Bedeutung und Möglichkeiten der Publikums-Aktiengesellschaft von Dr. Ulrich Fritsch. 190 Seiten, Lexikonformat, 1978, gbd. 32,– DM. ISBN 3 504 31000 6

Diese Broschüre zeigt den praktischen Schritt zur börsennotierten Aktiengesellschaft auf und gibt darüber hinaus Personen- und Kapitalgesellschaften eine Fülle von Anregungen und Vergleichsmöglichkeiten. So werden die steuerliche Belastung der Unternehmen nach Reform der Körperschaftsteuer und Senkung der Vermögensteuer sowie Fragen der Finanzierung, Publizität, Mitbestimmung und des Managements behandelt. Außerdem untersucht der Verfasser Entwicklungen auf dem deutschen Aktienmarkt und zeigt in einem internationalen Vergleich Größenordnungen und Tendenzen an anderen Börsenplätzen auf.

Das Buch hat demnach nicht nur praktische Bedeutung für mittlere und größere Unternehmen, es vermittelt außerdem einen Einblick in wesentliche Fragen und Zusammenhänge des Kapitalmarktes und der Börse. Mit den hieraus resultierenden Erkenntnissen und Forderungen werden sich Unternehmen und Politiker befassen müssen. Der Autor dieses Buches war Leiter der Wirtschaftsredaktion einer Rundfunkanstalt und ist seit 1970 Geschäftsführer des Arbeitskreises zur Förderung der Aktie e.V. Düsseldorf.

Aus einer Besprechung:

„...Auf dem Höhepunkt 1925 wurden beispielsweise von den 13 010 Aktiengesellschaften 917 an der Börse notiert. Heute stehen nur noch 465 deutsche Gesellschaften auf dem Kurszettel. „Mehr Unternehmen an die Börse" ist für den Autor – und nicht nur für ihn – ein wichtiges wirtschafts- und steuerpolitisches Thema für die nächsten Jahre. Bei allen Vorteilen der Aktiengesellschaft und allen Einwänden gegen diese Rechtsform gibt es auch eine Reihe von Vorbehalten, die durch intensive Aufklärung abgebaut werden können.

Hier setzt Fritsch mit seinem Buch ein Signal. Die gründliche und fundierte Darstellung der gesamten Problematik dieses vielschichtigen Themas, die übersichtliche Gliederung, die zahlreichen informativen Tabellen und Übersichten sowie ein umfangreiches Stichwortverzeichnis geben der Studie den Charakter eines Kompendiums. Ein lesenswertes Buch, das nicht nur Unternehmensstrategen und Börsenexperten empfohlen werden kann."
Industriemagazin 8/1978

Verlag Dr. Otto Schmidt KG · Köln